LE GUIDE DE L'INVESTISSEMENT IMMOBILIER

IMPORTANT

Ce livre, comme toute œuvre de l'esprit, fait l'objet de droits d'auteur. L'antériorité du texte pourra être démontrée officiellement en cas de litige. A ce titre, sauf autorisation écrite et signée de l'auteur, vous ne pouvez copier, diffuser, vendre ou donner tout ou partie de cet ouvrage.

DECHARGE DE RESPONSABILITE

Veuillez noter que le contenu de ce document a pour unique vocation de vous informer. Toutes les informations contenues dans ce rapport ont été soigneusement vérifiées à l'issue de leur rédaction, mais sans aucune garantie d'exactitude, d'exhaustivité, de précision. Le lecteur (la lectrice) reconnaît et comprend que l'auteur ne s'engage aucunement en matière de conseil légal, financier, professionnel ou autre. Il ne fait aucune promesse en matière de gains financiers ou autres. En lisant ce document, le lecteur (la lectrice) accepte sans réserve et définitivement le fait qu'en aucune circonstances l'auteur et/ou le vendeur ne pourra (ne pourront) être tenu(s) responsable(s) des pertes, dommages, directs et indirects, qui résulteraient de l'utilisation de l'information contenue dans ce document, incluant et ne se limitant pas aux erreurs, oublis et imprécisions.

SOMMAIRE

1. Avant-propos

2. Introduction à l'immobilier
   - Pourquoi investir dans l'immobilier ?
   - Fausses croyances

3. Les termes et principes
   - Actif et passif
   - Rendement locatif
   - Cash-flow

4. La stratégie de la location
   - Les différents types de biens
   - Les différentes surfaces et appellations

- Les différents types de location
- Trouver un bien rentable
- Trouver la valeur locative des biens que vous ciblez
- Les travaux, rentables ou pas ?
- Acheter vide ou loué ?
- Les assurances

5. La stratégie de l'achat revente

- Estimer la valeur du bien
- Ciblez le type de bien que vous voulez acquérir
- La négociation
- Augmenter la valeur du bien
- La revente
- Le marchand de biens

6. Investir dans les SCPI

- Qu'est-ce qu'une SCPI
- Pourquoi investir dans les SCPI ?

7. Obtenir son crédit

- Les bonnes raisons de s'endetter (intelligemment)
- Mettre les chances de son coté
- Les différentes règles de calcul

- Quelle stratégie bancaire pour quel projet
- Le business plan
- Quoi négocier ?
- Présenter son dossier bancaire

8. Comprendre la fiscalité

- Introduction à l'impôt sur le revenu
- Frais d'acquisition ou « frais de notaire »
- Impôt sur les loyers
- Les différents régimes fiscaux
- La location nue, régime du Micro-foncier
- La location nue, régime du « Réel »
- Le déficit foncier

1. AVANT-PROPOS

Tout d'abord, merci d'avoir choisi ce livre.

Vous avez fait un choix judicieux, car c'est ici que vous allez apprendre tous les rouages qui composent les grandes lignes de l'investissement immobilier.

Mais alors pourquoi ce livre et pas un autre ? Il existe en effet des dizaines de livres traitant le sujet, mais ils sont bien souvent évasifs et peu détaillés et pour certains d'entre eux un simple éloge à l'auteur et son parcours « hors du commun ». Rien de tout ça ici.

Que vous propose donc ce livre ? Tout simplement des informations concrètes, applicables, destinées à vous donner toutes les clefs nécessaires à la réussite de votre investissement immobilier.

Ce livre est à prendre comme une boite à outils, un ensemble de compétences et de connaissances indispensables si vous voulez vous lancer dans cette belle aventure qu'est l'investissement dans l'immobilier. Point de promesses de méthodes miracles ou autres élucubrations vendeuses.

Ce livre reprend et explique avec pragmatisme les points essentiels à la réussite d'un investissement. Introduction au monde de l'immobilier, présentation des stratégies de location, d'achat-revente, de SCPI, fonctionnement et obtention d'un crédit en passant par l'épineux sujet de la fiscalité, rien ne sera laissé au hasard.

Ce livre s'adresse à monsieur et madame tout le monde, aux débutants désireux de se lancer, aux curieux désirant connaître ce monde, mais également aux investisseurs voulant revoir les fondamentaux et les bases, bien souvent négligées.

2.
INTRODUCTION À L'IMMOBILIER

Pourquoi investir dans l'immobilier ?

L'immobilier est depuis des centaines d'années un investissement de choix.

C'est un investissement rentable et sécurisé qui vous permettra de vous constituer rapidement un patrimoine ainsi que des revenus alternatifs.

Grâce à son formidable effet de levier, l'investissement immobilier se révèle être l'un des moyens les plus efficaces et les plus sûrs pour s'enrichir de manière rapide.

Voici quelques-uns des nombreux avantages que l'immobilier propose :

- Investir dans la pierre, c'est investir dans une valeur sûre.

Malgré des hauts et des bas, le marché de l'immobilier reste et restera toujours en place, quoi qu'il arrive. C'est un secteur très stable, puisqu'il sera toujours nécessaire d'avoir d'un toit au-dessus de sa tête, au même titre que l'on doit se nourrir, dormir, se vêtir. C'est un besoin essentiel et indispensable. Contrairement à la bourse, l'immobilier résiste toujours de manière remarquable aux dégradations de la conjoncture économique. Hors circonstances exceptionnelles, votre bien est donc amené à prendre de la valeur au fil des années.

- Un effet de levier puissant

L'effet de levier, c'est un terme qu'on entend souvent lorsque l'on parle d'investissement immobilier. En effet, le premier obstacle lors de l'acquisition d'un bien, c'est son prix, souvent inaccessible. Il est donc nécessaire d'avoir recours au crédit et donc à cet effet de levier pour acquérir votre bien.

- Mais que veux concrètement dire « l'effet de levier » ?

C'est le fait de pouvoir obtenir de l'actif avec peu voire aucun capital de départ. Plus simplement, c'est le crédit bancaire. Aucun autre investissement ne vous permet de vous faire financer entièrement par la banque. On n'a jamais vu un banquier prêter 100 000€ à une personne pour investir en bourse, ou n'importe quelle autre classe d'actif. Nous verrons ce point en détail dans la partie dédiée au crédit.

- Des stratégies variées

L'investissement immobilier offre une multitude de stratégies différentes.

Location courte durée, longue durée, colocation, achat revente, locaux commerciaux, défiscalisation, stratégie patrimoniale, SCPI... Une multitude de stratégies à adopter, en fonction de vos envies, de votre situation financière et fiscale, de l'état du marché ou encore en de l'économie. Vous y trouverez forcément votre compte.

- C'est passionnant

Et oui, l'investissement peut aussi être passionnant ! Visiter, négocier, adapter sa stratégie, investir en groupe, devenir libre et indépendant..., les motifs sont variés et prennent aux tripes !

- Préparer sa retraite

Qui d'entre vous pense à sa retraite ? Très peu. En réalité, peu de personnes se soucient de leur retraite, ne la préparent pas ou très peu et ne se fient qu'à leurs cotisations pour espérer couler des jours heureux une fois l'âge tant attendu du départ atteint. C'est pourtant bien insuffisant et terriblement risqué. La retraite rime avec baisse de revenu et augmentation des dépenses, sur le plan de la santé notamment. L'immobilier est donc la solution idéale pour vous assurer une retraite sereine.

- Préparer sa transmission

L'immobilier, c'est le placement préféré des Français. C'est aussi l'actif le plus transmis. Posséder un bien immobilier, c'est pouvoir assurer une transmission dans les meilleures conditions.

Vous pouvez le démembrer (le fait de distinguer la nue-propriété d'une part, l'usufruit d'autre part) mais aussi l'inclure dans une SCI (société Civile Immobilière) et ainsi éviter tout droit de succession.

Vous l'avez compris, l'investissement immobilier offre de nombreux avantages, sur le plan de la rentabilité, de la fiscalité, de la sécurité et bien d'autres.

Il s'agit donc d'un investissent incontournable, quel que soit votre niveau de revenu.

Il vous permet dans un premier temps de vous enrichir rapidement, et par la suite de profiter de nombreux avantages liés à la défiscalisation et la diversification.

Vous pouvez l'utiliser comme un complément de salaire, voire même comme votre source de revenu principale.

Fausses croyances

- Il faut être riche pour investir

On a ici le mythe numéro 1 lorsque l'on aborde le sujet de l'investissement immobilier. Je vous rassure, il n'en est rien et s'il y a un bien domaine où il est possible d'investir sans capital de départ, c'est l'immobilier. L'énorme avantage offert par l'immobilier, c'est la possibilité d'utiliser le crédit comme un levier.

De plus, vous connaissez certainement quelqu'un qui est propriétaire de sa résidence principale, sans pour autant que cette personne soit riche. Pourtant, il s'agit d'un bien qui ne leur rapportera rien, si ce n'est le confort d'être chez soi. Dès lors, pourquoi ne serait-il pas possible d'acquérir un bien rentable, qui génère des revenus ? Il est théoriquement possible d'acheter un bien avec littéralement 0€ sur votre compte en banque.

En réalité, la seule chose dont vous avez vraiment besoin, c'est l'envie. L'ambition et les connaissances ont plus de valeur que l'argent.

- Il faut être professionnel pour investir.

Encore une fois, c'est faux.

Premièrement, si seulement les experts et les professionnels pouvaient investir, alors le parc immobilier serait bien pauvre.

Deuxièmement, qu'est-ce qu'un expert ? Une personne qui connaît un sujet très précis dans ses moindres détails. Pas besoin d'être docteur en droit fiscal pour remplir sa déclaration de revenus, pas besoin d'être avocat pour connaître le code de la route, pas besoin d'être mécanicien pour faire le plein de carburant de votre véhicule, ni d'être chirurgien pour vous désinfecter et mettre un pansement sur une plaie. Pas besoin donc d'être agent immobilier ou juriste immobilier pour faire l'acquisition d'un bien rentable.

Dernièrement, bien qui faille en effet avoir des compétences si l'on souhaite réaliser des opérations à réussite, les connaissances nécessaires sont simples et facilement assimilables. C'est là tout l'intérêt de ce modeste livre. Il ne fera pas de vous des experts, mais simplement des personnes généralistes dotées de tous les outils indispensables.

- La gestion est chronophage

Vous connaissez la chanson, c'est encore une fois faux. La clef réside dans la préparation, l'anticipation et la délégation. Alors bien entendue, il faudra y consacrer un peu de votre temps, mais sachez qu'il est très facile d'optimiser celui-ci. Mettre votre bien en gestion locative, déléguer les travaux à un maître d'œuvre, la fiscalité à un comptable, autant de points où vous pouvez vous décharger de travail.

- Il faut maîtriser les travaux

La question des travaux est bien souvent une problématique qui repousse plus d'une personne. Pourtant, c'est une étape indispensable à la réalisation de projet très rentables. Premièrement, sauf cas contraire, ce n'est pas votre métier. Les travaux doivent être impérativement réalisés par des professionnels, pour des raisons légales d'une part, et financières d'autre part car les travaux sont déductibles de vos impôts. Nous y reviendrons plus tard.

Ensuite, il est très facilement possible de déléguer vos travaux à des maîtres d'œuvre qui se chargerons de tout.

- Il n'y a plus de bonnes affaires

L'immobilier, c'est l'offre et la demande. Un marché inépuisable, qui existe et existera toujours. Ce marché ne cesse d'être alimenté par des personnes désireuses de vendre rapidement (Divorce, déménagement, succession, besoin de liquidité rapidement). Les bonnes affaires ne vous tomberont pas entre les mains pour autant, il faudra les dénicher, les créer, voir le potentiel là où la plupart des gens ne le voient pas. Si vous vous persuadez qu'il n'existe pas de bonne affaire, alors vous n'en trouverez jamais.

3. LES TERMES ET PRINCIPES

Actif et passif

Avant de commencer dans le vif du sujet il y a quelques termes et principes à assimiler. Il est essentiel de les connaître pour comprendre l'environnement de l'investissement immobilier. Vous verrez, rien de bien compliqué.

Commençons avec les notions d'actif et de passif.

Les actifs : Grossièrement, un actif, c'est une valeur, ou quelque chose qui vous rapporte de l'argent. Il peut s'agir d'un investissement locatif, d'actions en bourse, ou d'autres placements financiers. C'est en somme tout ce qui vous permet d'obtenir de l'argent sur votre compte en banque.

Les passifs : C'est l'exact contraire de l'actif. C'est quelque chose qui va vous coûter de l'argent. Ils sont représentés par toutes les dépenses que vous allez effectuer ainsi que les achats qui ne vous rapportent pas de revenus. Nécessités de la vie quotidienne, taxes et impôts, crédits, votre voiture, etc.

On comprend donc vite que le but du jeu est d'utiliser ses revenus afin d'acheter de l'actif et de limiter ses passifs afin de s'enrichir. Vos actifs doivent payer vos passifs. Un petit jeu intéressant est de transformer des passifs en actifs. Votre voiture est un passif, mais si vous la louez, alors elle deviendra un actif. Votre résidence principale est un passif, mais si vous la louez en courte durée pendant que vous partez en vacances par exemple, là encore vous aurez un actif.

Attention, faites bien la différence en un passif et un revenu passif. Un revenu passif est un actif qui génère des revenus sans intervention de votre part. Dividendes et loyers sont donc des revenus passifs.

Rendement locatif

Cette notion est vitale dans l'investissement immobilier.
Calculer son rendement locatif, c'est simplement savoir combien un bien immobilier va nous rapporter. Il faut tout d'abord différencier un rendement brut d'un rendement net.

Le rendement brut : il se calcule comme suit :

$$\frac{\text{Loyer annuel (HC)} \times 100}{\text{Prix d'achat + frais notaire et bancaire + travaux}}$$

Simplement expliqué, combien vous rapporte

annuellement votre bien, divisé par la somme totale que vous avez dépensée pour l'acquérir.

Exemple :

Vous achetez un appartement 100 000€ (frais de notaire, bancaires et travaux inclus), puis vous le louez 500€ par mois, soit 6 000€ par an.
On a donc :

$$\frac{6\,000 \times 100}{100\,000} = 6\,\% \text{ de rendement brut.}$$

Le rendement net : il se calcule comme suit :

$$\frac{\text{Loyer annuel (hc)} - \text{taxe foncière} - \text{assurance} - \text{entretien} - \text{toutes les charges} \times 100}{\text{Prix d'achat} + \text{frais notaire et bancaire} + \text{travaux}}$$

Simplement expliqué, combien vous rapporte votre bien une fois toutes les charges payées (avant impôts)

Exemple :

Vous achetez un appartement 100 000€ (frais de notaire, bancaires et travaux inclus)
Vous le louez 500€ par mois, soit 6 000€ par an
Vous payez 600€ par an de taxe foncière
Vous payez 200€ par an d'assurance
Vous payez 600€ par an de charge de copropriété
Vous payez 1 000€ par an de frais d'entretien et

d'imprévus

On a donc :

$$\frac{(6\,000 - 600 - 200 - 1\,000 - 600) \times 100}{100\,000} = 3{,}6\,\%$$

de rendement net

Le rendement net net : C'est le même calcul auquel on ajoute les impôts et prélèvements sociaux (dépend donc de votre régime fiscal)

Pour finir, soyez vigilant lorsque l'on vous annonce un rendement, car comme nous l'avons vu, les valeurs sont très différentes selon qu'on les calcule en brut ou en net. La plupart des rentabilités annoncées en agence par exemple seront en brut. Une personne non avertie pourrait bien vite tomber dans le piège d'une rentabilité alléchante

Cash-flow

Lorsque le loyer perçu dépasse le montant du crédit ainsi que les charges, vous obtenez un excédent ou un déficit si le loyer ne couvre pas l'ensemble de ces dépenses. C'est le cash-flow. Il peut être donc positif ou négatif. Il est important qu'il soit positif car il permet :

-De gagner de l'argent dans l'immédiat
-D'accumuler de la trésorerie
-De réinvestir

Encore une fois, il faut faire la différence entre le brut et le net.

Le cash-flow brut : il se calcule comme suit :

Loyers reçus – (toutes les charges + crédit)
Simplement expliqué, combien vous pouvez sortir d'argent une fois que tout est payé (avant impôts)

Exemple (notez ici que les dépenses annuelles sont lissées de manière mensuelle) :

Votre appartement vous rapporte 500€ de loyer par mois
Vous payez 400€ par mois de crédit (crédit sur 25 ans à 1,5%)
Vous payez 50€ par mois de taxe foncière
Vous payez 16€ par mois d'assurance
Vous payez 50€ par mois de charge de copropriété
Vous payez 83€ par mois de frais d'entretien et d'imprévus
On a donc : 500 – (400 + 50 + 16 + 50) = -16

On se retrouve avec un cash-flow négatif de -16€ tous les mois. Dans cet exemple, l'investissement n'est pas rentable dans une stratégie locative.

Le cash-flow net : il se calcul comme suit :

Loyer reçu – (toutes les charges ׀ crédit + impôts)

Simplement expliqué, combien vous pouvez sortir d'argent une fois que tout est payé (après impôts)

Exemple :

Votre appartement vous rapporte 500€ de loyer par

mois
Vous payez 400€ par mois de crédit (crédit sur 25 ans à 1,5%)
Vous payez 50€ par mois de taxe foncière
Vous payez 16€ par mois d'assurance
Vous payez 50€ par mois de charge de copropriété
Vous payez 83€ par mois de frais d'entretien et d'imprévus
Vous payez 100€ par mois d'impôts sur le revenu et de prélèvements sociaux

On a donc : 500 – (400 + 50 + 16 + 50 + 100) = -116

On se retrouve avec un cash-flow négatif de -116€ tous les mois. Ici encore, l'opération ne serait pas rentable dans le cadre d'un investissement locatif

Vous voilà désormais familiarisés avec les différents termes que vous serrez amenés à rencontrer et à utiliser lors de vos investissements immobiliers. Il en existe d'autres, comme par exemple le TRI (Taux de Rendement Interne) qui cumule le rendement annuel du bien ainsi que sa plus-value, mais c'est principalement les termes abordés et développés ici que vous devrez retenir et utiliser.

4. LA STRATÉGIE DE LA LOCATION

Lorsque l'on pense à l'investissement dans l'immobilier, on pense le plus souvent à l'investissement locatif. En deux mots, vous achetez un bien que vous louez, et vous percevez des loyers. Dans les grandes lignes, c'est aussi simple que ça.

Ce type d'investissement possède plusieurs avantages, notamment celui de pouvoir vous dégager un cash-flow si l'investissement a bien été réalisé. C'est une source de revenus passifs si la gestion est déléguée. C'est également un investissement peu risqué lorsque bien effectué.

De plus, l'immobilier à tendance à prendre de la valeur avec le temps, ce qui constitue également un investissement à plus valus sur le moyen et long terme. Vous pourrez vous constituer un patrimoine, vous créer des revenus complémentaires voire principaux et vous dégager du temps.

C'est également un sérieux atout pour se constituer

une vraie retraite. Plus que jamais, elle est une source d'angoisse. Ce type d'investissement est donc idéal dans cette optique, car y penser maintenant, c'est s'assurer un avenir plus serein.

Et enfin, c'est un bon moyen de diversifier ses revenus et son patrimoine.

Pour toutes ces raisons, la stratégie locative est une stratégie de choix. Pourtant, dans la très grande majorité des cas, c'est un investissement mal réalisé.

Rentabilité faible, problèmes de locataire, gestion compliquée, artisans malhonnêtes, on connaît tous quelqu'un qui nous a vendu les méfaits de louer un appartement. Nous allons voir comment éviter ces problèmes et réaliser un projet rentable, qui vous apportera revenus et tranquillité d'esprit.

Pour ce genre d'investissement, on va privilégier les zones où le prix au m² est faible.

Je vais vous présenter les différents aspects de cette stratégie.

Les différents types de biens

Nous allons tout d'abord aborder quels sont les différents types de biens qu'il est possible d'acquérir.

- La maison :

La maison est un bien moyennement rentable, avec un risque d'impayé moyen. La revente peut être complexe. C'est n'est pas le type de bien idéal pour se lancer. Peut être intéressant avec de gros travaux.

- L'appartement :

C'est le bien classique de l'investissement. Il se décline à la location longue durée, la colocation, la location étudiante et la location courte durée

La rentabilité y est bonne : Suivant le type de location utilisé, la rentabilité peu atteindre des sommets.

Financement plutôt simple : Les prix d'entrée des petits appartements sont faibles et nécessitent peu d'apport.

Prise de valeur sur le long terme : C'est une tendance de l'immobilier, les prix sont souvent revalorisés.

Délégation simple : Il est très facile de déléguer la gestion d'un appartement et ainsi de se dégager de ce travail.

Il est également plutôt facile de revendre ce type de bien. Il est un choix à privilégier pour débuter et se faire la main. Attention toutefois, l'appartement est plus sensible à la vacance locative qu'un garage ou un parking.

- Les garages et parkings :

Idéal pour les faibles trésoreries, l'incapacité d'emprunter et également pour les débutants.

Abordable : En moyenne 15 000€ pour un garage en province, en moyenne 30 000€ à Paris et seulement quelques milliers d'euros pour les places de parking. Encore plus intéressant lors d'achat en lot, les frais de notaires seront réduits et la négociation sera d'autant plus facile. Vous économiserez également des frais bancaires en achetant un lot une fois qu'en allant plusieurs fois à la banque pour financer plusieurs biens.

La rentabilité est élevée : Sans travaux, comparé à un appartement, la rentabilité y est en moyenne plus élevée. Une place de parking à Paris se négocie entre 50 et 200€ par mois. Comptez entre une vingtaine et une centaine d'euros en province. Pour les box, comptez entre 100 et 300€ à Paris et entre 50 et 150€ pour les provinces. Une taxe foncière faible et des frais de copropriété presque inexistants viendront enfoncer le clou d'une rentabilité en dessus de la moyenne.

Pas de travaux : Généralement aucun ou très peu de travaux, entretien quasiment inexistant puisque qu'il n'y a pas de mobilier. Seul poste à prévoir, dans le cas d'un box, la porte. En moyenne entre 1 000 et 2 000€.

Risque d'impayé faible : Les locataires ont peu à gagner à ne pas payer un loyer déjà faible et vous pouvez leur demander congé sans formalités. Une simple demande avec LRAR suffit. De plus il est extrêmement facile de venir condamner un box ou une place le cas échéant.

Un bail souple : Aucune contrainte de bail. Vous fixez comme vous le souhaitez la durée du bail, le loyer et les conditions de résiliation

Gestion et revente simple et rapide : Une fois encore, contrairement à un appartement, le gros du travail sera la signature de bail. Une tranquillité d'esprit sans pareil.

Sachez également qu'une place de parking doit mesurer au minimum 5m de long et 2m50 de large, dans un aspect pratique. Trop petite, une place ne pourra pas accueillir les SUV et autres breaks. Même résonnement pour les garages, pensez bien à avoir une porte suffisamment grande. Prêtez attention à l'environnement (éclairage, sécurité, accessibilité)

Pour finir, les revenus issus de ce genre de location sont considérés comme des revenus fonciers.

Attention toutefois, dans une stratégie de devenir rentier, on se retrouve vite limité par le nombre de biens à acquérir. C'est cependant une bonne alternative à l'appartement pour mettre un premier pied dans l'investissement.

- Les locaux commerciaux :

Les rentabilités y sont bonnes. En effet, les loyers commerciaux sont en moyenne plus élevés pour des charges équivalentes. De plus, la plupart des charges (charge de copropriété, taxe foncière, entretiens) sont au frais du locataire. Néanmoins, il est nécessaire d'analyser précisément le type de commerce présent afin de s'assurer de la validité, de la rentabilité et de la pérennité du projet.

- Les immeubles de rapport :

C'est le Graal de l'investisseur. Un immeuble de rapport est un bien constitué de plusieurs appartements. Il en existe de toutes tailles et pour tous les prix.

La rentabilité y est élevée : Vous achetez plusieurs appartements d'un coup, le prix de revient à l'unité est bien donc plus intéressant. Il est facile d'en trouver à des rentabilités à deux chiffres, contrairement à un appartement seul. Il est également intéressant de noter que vous n'aurez pas de charge de copropriété à payer, puisque vous êtes l'unique propriétaire.

Marge de négociation élevée : Vous achetez plusieurs lots d'un coup et la concurrence est moins importante. Concrètement, le vendeur aura moins d'offres d'achat. Il est également possible de jouer sur l'état général du bâtiment et non uniquement sur les appartements. Vérifiez la toiture, la façade, les espaces communs. Autant de points qui peuvent peser de votre côté de la balance.

Un risque d'impayé dilué : En effet si vous achetez un immeuble avec quatre appartements, et qu'un de vos locataires s'en va, les trois autres continuent de payer. Il n'y a donc jamais de vacance locative à 100% et vous aurez de ce fait quoi qu'il arrive une rentrée d'argent et donc la possibilité de payer votre prêt. Levier également intéressant lors de la négociation de votre crédit.

Pour finir, la gestion est simple une fois déléguée et l'efficacité dans une stratégie de devenir rentier et très bonne. À noter qu'il faut prendre en compte certains gros poste de dépense, tel que la toiture, la façade ou encore les espaces communs.

Les différentes surfaces et appellations

- Les studios et T1

Il s'agit des plus petits appartements possibles. Composés d'une seule pièce, d'une salle d'eau et d'un coin cuisine ouvert pour le studio mais fermée pour le T1, ils sont idéals pour les étudiants et les petits budgets.

En raison du type de locataire, ces petits appartements sont sujet à beaucoup de turn-over, et donc une remise en état est à prévoir entre chaque occupant. Des dépenses supplémentaires qui peuvent donc affecter votre rentabilité. Encore une fois, en raison du profil de candidats à ce type de location, vérifiez correctement la solvabilité du futur locataire ainsi que la présence de garants.

- Les T2

Ils sont composés de deux pièces dont au minimum une chambre, une salle d'eau et une cuisine séparée. Il s'agit d'un bon compromis car assez facile à louer, et peu de turn-over. Le profil de clientèle sera un peu plus âgé et composé généralement d'une personne seule ou un couple.

- Au-delà

Pour les T3 et plus, c'est simplement le nombre de chambres qui définira le type de bien. Un T3 = deux chambres plus les caractéristiques précédentes, un T4 = quatre chambres, et ainsi de suite. Ces biens attirent les familles, et vous assurent donc un turn-over extrêmement réduit. Le profil de locataire et également assez sûr, profitant de revenus stables. Vous avez donc une meilleure garantie de paiement des loyers. En revanche, grande surface = beaucoup de m^2 à acheter = prix d'achat élevé, et donc rentabilité moindre, le loyer n'augmentant pas de manière proportionnelle à la surface du bien.

Les différents types de locations

Nous allons maintenant voir quelles sont les différentes stratégies de location que vous pouvez utiliser. Elles sont nombreuses et sont à adapter en fonction de ce que vous recherchez.

- La location longue durée :

C'est la location la plus classique. En général le

rendement est moyen, le risque d'impayé y est un peu plus élevé que sur d'autres stratégies de location (procédure d'expulsion longue) et la gestion est plutôt simple. Ici, on cherche à réduire la gestion du bien au maximum pour avoir une stratégie la plus passive possible.

- La location étudiante :

Rentabilité plus élevée, risque d'impayé moindre (cautions parentale, baux plus court). En revanche, gestion légèrement plus complexe. Ce type bail ne peut être proposé qu'aux logements meublés, destinés à des locations de plus courte durée. Il est d'une durée de neuf mois non renouvelable. Il est intéressant de combler les 3 mois restants avec de la location courte durée. La rentabilité de votre bien en sera décuplée.

- La colocation :

Idem que la location étudiante, rentabilité légèrement plus élevée mais demande en gestion un peu plus élevée également. Le risque d'impayé est également étalé sur l'ensemble des colocataires. Tout l'intérêt réside dans le fait de multiplier le prix du loyer par le nombre de colocataires, tout en ayant un prix par chambre moins élevé que les studios disponibles dans le même secteur. On cherche donc à optimiser l'espace au maximum. Dans l'idéal, il faudra un grand salon, une cuisine bien agencée et si possible ouverte sur le salon. Comptez également une salle de bain pour deux chambres.

Quant aux baux, vous aurez le choix entre :

Un bail commun (ou collectif) signé par tous les colocataires. Le bail ne stipule pas quelle partie de l'appartement chaque colocataire pourra occuper, ils sont libres de choisir les chambres. Vous devrez en outre respecter un minimum de 16m² pour les deux premières personnes, puis ensuite 9m² par personne supplémentaire. Si l'un des colocataires décide de partir, cela ne remettra pas en cause le bail. Celui qui quitte le logement devra respecter un préavis comme pour une location standard. Les autres occupants ont donc intérêt à retrouver quelqu'un puisque leur part augmentera le cas échéant, le montant du loyer étant fixe. Pour ce qui est du dépôt de garantie vous ne le rendrez qu'à la fin du bail. Le colocataire sortant ne peut pas exiger sa part du dépôt de garantie.

Un bail individuel par colocataire. Il s'agit de signer un bail pour chaque colocataire. C'est légèrement plus contraignant puisqu'il faudra rédiger et signer un nouveau bail pour chaque nouveau colocataire. Chaque colocataire se voit attribué une chambre et un accès aux parties communes. Ici donc, si un locataire s'en va, vos loyers diminuerons d'autant.

Il est donc plus intéressant de constituer un bail collectif, qui sera plus simple en termes de gestion mais qui également vous assurera un loyer constant.

- La location meublée de courte durée, également appelée location meublée saisonnière ou touristique :

Rentabilité très élevée, risque d'impayé presque inexistant (loyer payé à l'avance sur les différentes plateformes de location courte durée). Cependant, la gestion est ici la plus élevée de toutes les autres stratégies. En effet, gérer sois même son bien peut vite devenir chronophage (Check-in, check-out, entretien et ménage, gestion de litige, gestion du bien sur les différentes plateformes, échange avec les locataires, etc.). Vous pouvez déléguer à certains prestataires au prix d'une rentabilité moindre.

Quelques règles :

Il faut prendre en compte la différence entre la location de votre résidence principale de manière épisodique et la location d'un bien uniquement destiné à cet effet.

Dans le premier cas, la location d'une résidence principale de façon répétée pour de courtes durées est limitée à 120 jours par année civile (loi ELAN (Evolution du logement, de l'aménagement et du numérique)). Si vous dépassez cette limite, vous vous exposez à 50.000 € d'amende et 1.000 € d'amende par jour supplémentaire de dépassement. Vous avez donc le droit de mettre en location votre résidence principale pour un maximum de quatre mois chaque année.

Pour le second cas, c'est-à-dire mettre en location un bien qui n'est pas une résidence principale, il est possible de louer toute l'année. C'est ce qui nous intéresse, puisqu'en tant qu'investisseur, votre but est de louer à l'année. Il vous faudra solliciter la mairie pour obtenir un numéro d'enregistrement.

Vous avez également l'obligation de collecter et de reverser la taxe de séjour. Sachez que la plupart des plateformes s'en occupent pour vous.

Le code du tourisme défini le meublé de tourisme comme "une villa, appartement ou studio meublé, à l'usage exclusif du locataire, offert en location à une clientèle de passage, qui y effectue un séjour caractérisé par une location à la journée, la semaine ou au mois."

Enfin, vérifiez systématiquement que ce genre de location est accepté par la copropriété s'il y en a une.

Trouver un bien rentable

Nous allons maintenant définir les critères à prendre en compte lors de la recherche d'un bien rentable dans une stratégie locative. On a coutume de dire qu'il existe trois facteurs essentiels : l'emplacement, l'emplacement et l'emplacement. C'est le critère numéro à prendre en compte.

Quel type de ville cibler ?

Dans la recherche d'un bien rentable, il existe

grossièrement deux types de villes. Les grandes villes et les petites villes. Elles ont chacune des avantages et des inconvénients.

- La grande ville :

Elle possède un potentiel de hausse sur le long terme intéressant. Le marché y est stable et les locataires sont généralement meilleurs.

Par contre, la rentabilité y est plus faible et oblige donc à capitaliser sur des stratégies de location plus complexes (location courte durée, colocation étudiante couplée à de la location saisonnière, etc.), les travaux y sont presque indispensables et il est donc nécessaire de prévoir un budget plus important.

- La petite ville :

Elle possède une rentabilité plus élevée, une difficulté de gestion moindre puisqu'il n'est pas forcement nécessaire d'appliquer des stratifies de locations complexes. Les travaux sont moins coûteux, le budget est plus abordable.

En points négatifs, on notera un risque d'impayé plus élevé, des locataires plus négligents, un marché plus volatile avec un potentiel plus difficilement déterminable. On peut également se heurter à des soucis liés à l'expulsion des locataires (baux longue durée)

- Quels sont les critères pour trouver un bien ?

Tout d'abord, déterminer le type de ville, de location et de bien que vous voulez. Voulez-vous passer du temps dans la gestion de votre bien ? Ou au contraire avoir l'esprit tranquille ? Voulez être à proximité de votre bien ? A quelle distance de votre lieu de vie êtes-vous prêt à investir ? Voulez-vous faire des travaux ? connaissez-vous le montant que vous pourrez emprunter ?

Toutes ces questions doivent vous guider dans le choix de la ville, du type de bien et de la stratégie à adopter. Vous devez d'abord éliminer les critères que vous ne voulez pas (Gestion complexe, distance vis à vis du bien, travaux…)

Une fois que vous avez défini ces critères, vous devrez déterminer la cible de votre stratégie. Quels types de locataires je vise ? Si je cible de la petite ville, en location longue durée, je vais avoir des locataires plutôt ouvriers, à la recherche d'un logement abordable avec plusieurs chambres pour leurs enfants. Je vais donc par exemple viser du T3, avec des rénovations très simples, voir sans rénovation.

Vous devrez également calculer votre budget.

Pour le déterminer, vous devez savoir que les banques prêtent généralement jusqu'à un tiers de vos revenus

Si vous gagnez 1 500€ par mois, la banque pourra

vous prêter 500€ par mois, ce qui correspond à approximativement 125 000 € pour un crédit sur 25 ans

A savoir que les banques intègres également les revenus locatifs, en général à hauteur de 70 % de ceux-ci.

Si vous gagnez 1 500€ par mois, avec un projet locatif qui vous rapporte 500€ / mois, la banque considérera que vos revenus sont de 1 850€ par mois (1 500 + (500 x 0.70))

Trouvez la valeur locative des biens que vous ciblez

Vous devez déterminer la valeur locative de votre futur bien. Si vous faites des travaux, vous devez savoir à quoi il va ressembler et avec quel type de bien il va être catégorisé. (Nombre de pièces, surface, étage, quartier...). Rendez-vous sur un site d'annonces immobilières (Leboncoin, Seloger...) afin de trouver des biens similaires au vôtre. Faites une moyenne des loyers des bien qui sont identiques au vôtre afin de trouver la valeur locative moyenne.

Effectuez la même opération avec le prix de vente de plusieurs biens, puis faites une moyenne pour trouver le prix de vente moyen au m². De cette manière, vous pourrez également connaître le prix d'achat de vente des bien sur le secteur et ainsi détecter les bien qui sont en dessous du prix du marché. Investir dans le locatif, c'est bien, faire en même temps une bonne affaire à l'achat, c'est mieux.

Les travaux, rentables ou pas ?

Le problème des travaux se posera à un moment donné, que ce soit à l'acquisition ou durant la durée de vie de votre bien. Vous devez effectuer de l'entretien et des réparations régulièrement (vous et votre locataire) si vous ne voulez pas avoir de gros travaux à faire dans l'urgence. L'intérêt des travaux réside également dans le fait de remettre au goût du jour un bien afin de rehausser le loyer ou de louer plus facilement. Sachez également que les travaux peuvent être déduis des impôts.

La question des travaux se pose avant l'achat du bien. L'avantage d'un bien avec beaucoup de travaux est que vous êtes en concurrence avec moins d'acheteurs, augmentant de surcroît la marge de négociation. Le deuxième avantage sera d'avoir un bien refait à neuf, aux normes et au goût du jour. Il y aura donc moins de problèmes à gérer qu'ils soient petits (fuite, problème électrique, petites réparations ici et là...) ou gros (problème de toiture, d'infiltration, de dégât des eaux...). Un gain de tranquillité non négligeable, mais également un gain fiscal. En effet, Les travaux passent en charge ou en amortissement suivant votre régime fiscal. Leur coût réel est donc moindre. Dernier point important, les travaux que vous réalisez peuvent augmenter la valeur de votre bien, vous octroyant une plus-value lors de la revente.

J'aimerais également rajouter un point récent : La nouvelle réglementation concernant le DPE (Diagnostic de Performance Énergétique) et l'impact sur les transactions

En effet, la nouvelle loi Climat et résilience : LOI n° 2021-1104 du 22 août 2021 stipule que :

- Le loyer d'une « passoire énergétique » ne peut plus être augmenté lorsque le bien est sur le marché dans une des 28 agglomérations qualifiées de « zones tendues ».
- En 2023 : la réalisation de travaux de rénovation énergétique sera obligatoire pour augmenter le loyer d'une passoire énergétique.
- 1er septembre 2022 : obligation de réaliser un audit énergétique en cas de vente de biens classés F ou G.

Il sera également interdit de louer certains biens en fonction de leur étiquette DPE
- 1er janvier 2025 : les biens classés « G ».
- 1 er janvier 2028 : « F ».
- 1er janvier 2034 : « E ».

On pourrait y voir un frein, et pourtant c'est tout l'inverse. Le marché va se trouver abreuvé de biens donc la notation DPE n'est pas bonne ou en passe de ne plus l'être, autant d'affaires offrant un potentiel de grosse rentabilité avec travaux. De plus, un marché dont l'offre augmente mais la demande stagne entraîne mécaniquement une baisse des prix à l'achat.

Encore une fois, ayez l'œil de l'investisseur et sachez trouver des opportunités là où les autres ne voient que du négatif.

Acheter vide ou loué ?

Lorsque vous voudrez acquérir un bien, vous allez forcément avoir deux choix qui s'impose à vous : Déjà loué ou vide.

Premièrement, pour le bien vide, sachez que vous aurez une concurrence supplémentaire, celle des acheteurs voulant se loger. Il y aura donc une plus forte demande, et donc une négociation plus difficile. Les personnes qui cherchent à acheter leur résidence principale fonctionne au coup de cœur, et seront donc prêtes à mettre la main au porte-monnaie pour obtenir le précieux sésame. Tout le contraire d'un investisseur donc. Pour résumer, il sera plus difficile d'obtenir ces biens à un prix en dessous de celui du marché. L'avantage d'un bien vide, c'est d'être libre de le modifier et d'y faire des travaux. Il sera également plus simple de définir le prix du loyer et vous aurez le choix du futur locataire.

Pour sa part, le bien loué, est tout simplement

à l'opposé du bien vide. Chercher un bien loué, c'est éliminer toute la concurrence des acheteurs de résidence principale. Vous serez donc en compétition avec bien moins d'acheteur, et surtout avec un profil différent, un profil investisseur, tirant le prix du bien vers le bas pour en obtenir les meilleurs revenus. En revanche, le locataire sera déjà en place, vérifiez donc bien sa situation avant l'achat pour éviter les mauvaises surprises. Il sera également plus difficile d'apporter des modifications au bien et d'y faire des travaux.

Les assurances

Nous allons ici aborder rapidement la question des assurances. Elles sont nombreuses et il indispensables de les prendre en compte pour la bonne réalisation de vos projets.

Il en existe plusieurs :

- L'assurance emprunteur : C'est la plus onéreuse de toutes et pour cause, c'est elle qui couvrira le remboursement de votre crédit si elle venait à être déclenchée. De manière générale, cette assurance vous couvre contre le décès, la perte totale et irréversible d'autonomie (PTIA), mais peut également vous couvrir contre l'invalidité permanente, l'incapacité temporaire totale de travail et même contre la perte d'emploi. Suivant les garanties du contrat, seule une partie du crédit pourra être couverte après un délai de quelques mois à respecter. Il est également intéressant de noter que si dans le cas d'une résidence principale, l'assurance devra couvrir 100% du crédit, ce n'est pas forcément le cas pour un achat à but locatif. Il est en effet possible de baisser cette couverture et ce jusqu'à 50% du crédit. Tout est question de négociation lors de la souscription du contrat d'assurance. Dernier point, sachez que le coût sera calculé en tenant compte de votre âge, de votre condition médicale, de vos antécédents médicaux, du montant et de la durée du crédit et bien évidemment de la couverture souhaitée.

- L'assurance PNO : Également très connue, l'assurance propriétaire non occupant (PNO) couvrira au minimum la responsabilité civile mais également les risques habituels d'un bien immobilier : incendie, dégât des eaux, bris de glace, vol, vandalisme, événement climatique, attentat et acte de terrorisme, catastrophe naturelle... Cette garantie couvre également le mobilier si le bien est loué en meublé. Elle coûte en moyenne entre 100 et 150€ à l'année. Sachez également qu'elle n'est obligatoire (plus précisément la partie sur la couverture de la responsabilité civile) que dans le cas où vous proposez à la location un bien faisant partie d'une copropriété, et ce même si le bien en question est inoccupé (article 9-1 loi n°65-557 du 10/7/1965).

- La Garanti loyers impayés (GLI) : Comme son nom l'indique, cette assurance vous protège des loyers impayés, mais également des frais en cas de litige avec le locataire et en cas de dégradation du bien. Elle vient en complément de protection comme les garants ou le dispositif Visale, afin d'obtenir un niveau de protection maximum face aux loyers impayés. Son coût est en moyenne de 2 à 3% du montant du loyer.

- L'assurance décennale : Lorsque vous engagez des travaux réalisés par un professionnel, celui-ci doit avoir impérativement une assurance responsabilité civile ainsi qu'une assurance décennale. L'assurance décennale vous couvrira pendant les dix années qui suivent la réception de votre bien. Elle vous protège en cas de malfaçons. Il est primordial de vérifier la validité de cette assurance auprès de vos artisans (date et le numéro du contrat) mais également la concordance avec son corps de métier (la décennale d'un plombier ne couvrira pas ses éventuels travails d'électricité par exemple).

- L'assurance dommage ouvrage : En tant que propriétaire, lors des travaux, vous serez considérez comme le maitre d'ouvrage (à ne pas confondre avec le maitre d'œuvre) et à ce titre, suivant la taille du chantier, il sera bon de considérer la souscription à une assurance dommage-ouvrage. Elle est obligatoire dans le cas où vous engagez des travaux de construction, d'extension ou de rénovation du gros œuvre (ossature du bâtiment). Dans tous les cas, elle doit être souscrite avant l'ouverture des travaux. Elle permet de procéder aux remboursements ou à l'exécution de toutes les réparations faisant l'objet de la garantie décennale, sans attendre une décision de justice statuant sur les responsabilités de chacun. Elle se retourne ensuite contre les constructeurs et leurs assureurs afin de recouvrer l'indemnité versée au maître d'ouvrage (vous), en fonction des responsabilités incombant à chaque constructeur qui a contribué aux travaux. Pour faire simple, elle vous assure le bon fonctionnement et la mise en place de l'assurance décennale.

5. LA STRATÉGIE DE L'ACHAT REVENTE

L'achat revente est la deuxième option lors d'un investissement immobilier.

Ce type d'investissement vous permet de dégager rapidement de gros bénéfices et de la trésorerie. C'est l'investissement privilégié des marchands de bien.

Il nécessite toutefois une bonne connaissance du marché immobilier une stratégie bien en place et une analyse complète du type d'opération que vous souhaitez faire. Contrairement au locatif, on privilégiera ici les zones où le prix au m² est élevé.

Voici les principales étapes pour effectuer ce genre d'investissement.

Estimer la valeur du bien

Il va être nécessaire de déterminer la valeur du prix du marché de l'endroit où vous voulez faire votre opération. Pour ce faire, Il existe plusieurs manières fixer le prix auquel vous aller acheter et revendre votre bien. Certaines peuvent être réalisées soi-même, d'autres par un professionnel de l'immobilier.

Premièrement, internet.

Vous pouvez estimer votre bien en combinant différentes recherches sur des sites internet tel que www.meilleursagents.com, www.leboncoin.fr et www.seloger.com pour aller plus loin dans votre analyse, mais également d'autres sites d'agences immobilières. En croisant les différentes données récoltées (localisation, surface, nombre de pièces), vous pourrez faire une moyenne des prix de vente au m²

Vous pouvez aussi vous rendre sur app.dvf.etalab.gouv.fr. C'est une vraie mine d'or qui répertorie toutes les transactions immobilières. Vous pourrez donc voir exactement à quel prix les bien se sont vendus. Vous aurez une idée claire du prix au m² et pourrez ainsi détecter immédiatement un bien en dessous du prix du marché.

Deuxièmement, un professionnel de l'immobilier

Vous pouvez contacter un agent immobilier ou un autre professionnel de l'immobilier pour estimer au mieux le prix de vente de votre bien. Ils sont à même, après une visite du bien en question, de déterminer une valeur de celui-ci. En effet, les professionnels de l'immobilier ont une parfaite connaissance de leur secteur. Il est préférable de recourir à plusieurs professionnels pour effectuer l'estimation afin d'avoir une idée extrêmement claire. De manière générale l'estimation est gratuite, car l'agent espère décrocher le mandat de vente de votre bien.

Troisièmement, le notaire

Souvent oublié, le notaire est un acteur essentiel lors d'une vente immobilière. Il dispose du fichier PERVAL qui contient les toutes les ventes effectuées en France, mais il peut aussi évaluer de manière approfondie l'estimation de votre bien moyennant quelques centaines d'euros.

La cible et le type de bien que vous voulez acquérir

L'achat revente nécessite d'analyse le cible à laquelle vous allez vendre votre bien.

En effet, vous n'allez pas vendre un studio à une famille, vous n'allez pas vendre un T3 à un jeune qui se lance dans la vie. Vous vous devez de connaître quel est l'archétype de personne qui achète dans tel ou tel secteur. C'est le quartier qui va déterminer la cible, pas vous. Pour avoir ses informations, vous pouvez aller sur seloger.com et voir l'activité du marché ainsi que les critères les plus recherchés par secteur (type de bien, nombre de pièces, surface). Ces informations sont précieuses et vont vous aider à déterminer votre cible.

Une fois ces critères en main, vous pourrez savoir

exactement le type de bien que vous allez acheter, le secteur et la cible à laquelle vous allez vendre votre bien.

La négociation

Parlons de la négociation. Pour acheter une bonne affaire, il est indispensable de négocier correctement le prix d'achat. Avant d'entamer une négociation, il faudra tout d'abord avoir quelques cartes en main.
Rendez-vous sur le site castorus.com. Avec ce site, vous pourrez retrouver l'historique d'une annonce : depuis combien de temps elle est en ligne, les changements de prix, les modifications de la description. Autant d'informations importantes pour mieux négocier.

Posez ensuite des questions par téléphone. Depuis combien de temps est-il en vente, quelle est la raison de la vente ? y'a-t-il a déjà eu des offres, à combien, acceptées, si refusées, pourquoi ? Toutes les informations seront bonnes à prendre.

Pendant la visite, intéressez-vous au vendeur, posez-lui quelques questions, que fait -il dans la vie. Montrez de la sympathie envers le vendeur pour qu'il vous donne naturellement les raisons de la vente. S'il s'agit d'une succession par exemple, la négociation sera plus en votre faveur.

Sachez rester flou sur votre budget, donnez-le de manière approximative. Faite lui comprendre que c'est la banque qui va décider de votre budget.

Ne jamais dire qu'il s'agit d'un achat dans un but de revente, le vendeur pourrait se sentir lésé.

Également, n'énumérez pas tous les points négatifs, pensez justement à montrer au vendeur quels sont les points positifs de son appartement ou de son bien et sachez les mettre en valeur. Cela renforcera l'aspect humain et sympathique, simplifiant donc la négociation.

En revanche, si vous êtes en compagnie de l'agent immobilier pour la visite, c'est le contraire, énumérez les aspects négatifs.

Augmenter la valeur du bien

Pour revendre votre bien rapidement et dégager une plus-value, vous devez augmenter la valeur de celui-ci. Il doit séduire directement les personnes que vous avez ciblées, elles doivent ressentir le fameux effet « coup de cœur », se projeter dans le bien.

Pour augmenter la valeur du bien, il y a plusieurs techniques, de la plus simple à la plus complexe.

La plus simple, le home standing. C'est simplement le fait de mettre en valeur le bien sans y effectuer de travaux, simplement en modifient l'agencement, en l'optimisant. C'est le moyen le plus rapide et le moins coûteux et il permet de dégager une plus-value rapidement si vous avez acheté une bonne affaire.

Un peu d'imagination peut rapidement rendre de très beaux résultats. Inspirez-vous de photos de biens rénovés, des émissions de déco à la TV, ...

Ensuite, vous avez la technique de la création de pièce. C'est le fait de transformer, par exemple un T2 en T3. Lors du processus de recherche et d'analyse, vous avez déterminé votre cible. Si vous savez que vous devez vendre du trois pièces, rien ne vous empêche d'acheter un deux pièces et de le transformer en trois pièces. On achète avant tout de la surface et non un nombre de pièces. Vous pouvez trouver des T2 de 70m² qui coûtent moins cher que des T3 de 60m². Concentrez-vous sur la surface, prenez garde à l'emplacement des fenêtres si vous souhaitez créer une chambre. Cette technique demande quelques travaux, mais la rentabilité y est plus élevée.

La division de lot. Ici, on achète un lot, on le divise et on revend deux lots. Si vous savez que vous devez vendre du studio ou du T2, vous pouvez acheter un T3 ou un T4, puis les diviser pour les revendre en lots séparés. Encore une fois, on se concentre avant tout sur l'achat de surface et non sur l'achat d'un nombre de pièce. Vous devrez faire attention à l'emplacement des fenêtres, mais aussi des points d'eau. Cette technique demande plus de moyens en termes de travaux et d'administration, mais la rentabilité est encore plus élevée.

Avant toutes modifications, il est néanmoins

important de prendre connaissance du règlement de copropriété afin d'y vérifier si la division est autorisée et également demander à l'urbanisme. Dans certaine zone, vous devrez créer une place de parking lors de la création d'un lot.

En conclusion, l'état du bien à l'achat est donc primordial. Vous n'allez pas acheter un bien neuf et y faire de lourds travaux, comme vous n'allez pas acheter un bien entièrement à rénover et juste mettre un coup de peinture. Vous devez acquérir la compétence de voir le potentiel d'un bien au-delà de son état actuel.

N'hésitez pas à visiter le bien avec un ou plusieurs artisans afin d'établir des devis.

Beaucoup de travaux ne veut pas forcément dire que le bien est une bonne affaire avec une très bonne rentabilité. Vous devez arriver à vous projeter, à imaginer.

Il faut savoir qu'une personne qui achète un bien pour y habiter achète de la tranquillité d'esprit. Ils veulent arriver « les pieds sous la table », ne faire aucuns travaux, même léger. Ce n'est pas leur travail, c'est le vôtre.

La revente

Vous avez acheté votre bien, vous l'avez optimisé, il faut maintenant le revendre.

Vous connaissez le prix du marché, vous devez mettre votre bien à ce prix, voire légèrement en dessous. La principale erreur est de vouloir absolument vendre au prix du marché voire au-dessus. En raisonnant de cette manière, vous risquez de bloquer votre bien sur le marché trop longtemps. Je vous rappelle que le but est d'acheter et de revendre le plus rapidement possible. De plus, vous avez normalement déjà fait une bonne affaire en achetant en dessous du prix du marché, inutile d'essayer de revendre au-dessus, vous aller perdre du temps, de l'énergie et de l'argent.

Revendre rapidement, c'est pour également pouvoir aller rapidement sur une autre opération. Il vaut mieux faire plusieurs opérations, en acceptant de vendre rapidement un bien en dessous du prix du marché, que de perdre du temps à faire une opération à un prix plus élevé. Pensez au long terme.

Petite astuce, lorsque vous vendez en nom propre, vous êtes normalement assujetti à la taxe sur la plus-value (environ 36%). Vous pouvez éviter cette taxe de plusieurs manières.

Tout d'abord, si vous revendez votre bien en tant que résidence principale, vous ne paierez aucune taxe sur la plus-value. Si vous revendez en résidence secondaire, vous devrez payer cette taxe, sauf si vous vous engagez à réinvestir la plus-value dans l'achat d'une résidence principale.

Vous pouvez donc habilement éviter deux fois cette

taxe, en revendant dans un premier temps en résidence secondaire, en investissant la plus-value dans une résidence principale, puis en la revendant.

Attention toutefois, si vous faites trop d'opérations d'achat revente en nom propre, vous serez requalifié en tant que marchand de biens professionnel. Je vous conseille donc de basculer en professionnel assez rapidement si vous voulez faire ce genre d'opérations de manière régulière.

Vous avez le choix de vendre entre particulier, ou en agence. Une agence prend en général 5 à 8 % sur le prix du bien. Passez par une agence n'est pas forcément une mauvaise chose. En effet vous pouvez « travailler » avec et envisager des relations à long terme en leur demandant de vous apporter de bonnes affaires en échange de quoi vous vous engagez à remettre le bien en vente chez elle. Chacun y trouve son compte, vous recevez les annonces des biens avant tout le monde et l'agence touche sa commission lorsque vous passez par elle. En immobilier, il faut absolument privilégier le relationnel et un réseau de confiance.

Comme le dit l'adage, seul on va plus vite, ensemble on va plus loin.

Le marchand de biens

Qu'est-ce qu'est le marchand de bien ?

Comme nous l'avons vu plus haut, vous pouvez

faire des opérations d'achat revente en nom propre ou en professionnel. Le marchand de biens est un professionnel de l'achat revente. Ce sont des commerçants qui achètent tous types de biens immobiliers pour leur propre compte et qui les revendent, en l'état ou après travaux, avec l'intention de réaliser un bénéfice.

Avant de vous lancer en marchand de bien, je vous conseille d'avoir au minimum deux opérations d'achat revente en nom propre, ainsi qu'un capital de départ de plusieurs milliers d'euros (50 000€ semble être un minimum pour lancer sa société). Pourquoi ? Parce que les banques. Elles ne vous financeront jamais si vous n'avez aucun apport et aucune expérience. Une banque demande en général un apport de l'ordre de 25 à 30 % du montant total du projet ainsi que de l'expérience dans le domaine. Cet apport pourra être légèrement revu à la baisse à mesure que vous faites des opérations et que vous apportez de l'expérience à votre entreprise et donc de la confiance à la banque.

Quels sont les avantages et les inconvenants de ce statut ?

Avantages :

- Aucun diplôme particulier n'est requis pour lancer cette activité
- Vous n'êtes pas limité sur le nombre d'opérations
- Vous avez des frais de notaires réduits (environs 3 % contre 8 % en nom propre)

- Moins d'impôt qu'en nom propre suivant les cas
- Perspective d'évolution dans des projets plus rentables telles que la promotion immobilière.

Inconvénients :

- Compétences juridiques et commerciales, ainsi qu'une parfaite connaissance du marché de l'immobilier sont recommandées.
- Posséder des fonds et justifier d'expérience
- Les banques demandent entre environ 30 % d'apport
- Frais fixe (comptable, assurance)
- Crédit moins avantageux (taux, durée)
- Responsabilité en tant que professionnel

6. INVESTIR DANS LES SCPI

Qu'est-ce qu'une SCPI

Les SCPI sont des Sociétés Civiles de Placement Immobilier. On les appelle également « la pierre papier ». Ce sont des fonds d'investissement qui gèrent des parcs immobiliers. Plus simplement, elles achètent du patrimoine immobilier et le mettent en location. Vous pouvez ensuite acheter des parts de ces sociétés, comme des actions en bourse. Vous percevrez des loyers sous forme de dividendes au prorata de vos parts.

Il existe trois types de SCPI différentes :

1- La SCPI de rendement : Elle consiste en l'achat d'immobilier d'entreprise, de commerces ou autres types d'activités professionnelles. Ces SCPI sont les plus repandues. Le rendement est calculé sur la rentabilité locative des biens possédés par la SCPI et il est généralement supérieure à 4%, ce qui en fait une bonne alternative aux placements bancaires standards.

2- La SCPI fiscale : Elle consiste en l'achat de biens immobiliers destinés à l'habitation. Elle cherche donc à acquérir des biens neufs, éligibles aux avantages fiscaux (Pinel, Malraux).

3- La SCPI Plus-value : Ces SCPI appartiennent à la famille des SCPI de rendement. Elle a pour principal objectif de valoriser un capital sur le long terme avec l'objectif de bénéficier de plus-value lors de la revente de ses parts. Quasiment composées uniquement d'immobilier d'habitation, ces SCPI calculent votre rendement en fonction de la plus-value et non de la location.

Pourquoi investir dans les SCPI ?

L'investissement dans ces fonds peut être avantageux sur plusieurs aspects.

Simplicité et accessibilité :

Les tickets d'entrée pour une part sont de l'ordre de 1 000€. Il est donc très facile de diversifier son patrimoine immobilier. Vous évitez également les inconvénients de la gestion d'un bien classique, puisque vous ne devenez pas propriétaire de parts d'un bien, mais de parts de sociétés qui détiennent ces biens.

Sécurité :

Adieu les loyers impayés puisque vous n'êtes pas directement impacté par ces cas. De plus, le parc immobilier est souvent constitué de gros commerces ou institutions, bien loin du profil du mauvais payeur. De plus, les SCPI sont régulées par l'AMF (Autorité des Marchés Financiers), celle-là même qui régule les marchés boursiers. Sa surveillance procure donc une garantie supplémentaire aux investisseurs.

Liquidité :

Dernier avantage, la liquidité. Il est en effet plus simple et rapide de revendre des parts de SCPI que de vendre un bien immobilier physique. Vous n'êtes également pas obligé de vendre la totalité de vos parts, ce qui en fait un placement très souple.

Quelques points de vigilance néanmoins, le versement des dividendes est la plupart du temps effectué de manière trimestrielle. Ce point doit être pris en considération si vous souhaitez avoir recours à un emprunt bancaire pour acheter vos parts. Sachez également que le versement n'est jamais garanti et dépendra du bon fonctionnement de la SCPI.

Vérifiez également les frais de sortie, souvent très élevés dans le cas où vous souhaiteriez sortir tôt. L'intérêt d'un tel placement est donc sur le long terme, prévoyez dés lors de le tenir sur une dizaine d'année au minimum.

Pour finir, même si leur fonctionnement ressemble beaucoup à celui de la bourse, (notamment de par la présence de l'AMF), les SCPI n'y sont pas cotées et sont donc déconnectées de ce marché. Il s'agit également d'une fiscalité différente, les revenus issus des SCPI étant considérés comme des revenus fonciers (sauf dans le cas où les parts sont détenues au sein d'une assurance vie ou dans une SCI à l'IS), et non comme des revenus mobiliers. Dans le cas de la revente des parts, ce sera une imposition sur la plus-value immobilière qui sera considérée.

7. OBTENIR SON CRÉDIT

J'en avais parlé en introduction, nous allons maintenant voir ce point plus en détail.

En effet, comme dit au début de ce livre, l'investissement dans l'immobilier à l'avantage de permettre l'utilisation du levier offert par le crédit bancaire. Un levier, c'est quelque chose qui vous permet de décupler votre force pour soulever une autre chose. Plus le levier est long, plus la force est décuplée. C'est ce même principe qui va s'appliquer ici. Ce que vous allez soulever, c'est un bien immobilier, et la taille de votre levier va être la durée du crédit. Plus le crédit va être long, plus vous allez pouvoir « soulever » un bien cher.

Très souvent mal vu, le crédit est presque tabou, il véhicule l'image d'une personne qui s'endette pour du passif et qui n'arrive plus à joindre les deux bouts. C'est vrai, mais c'est également faux. L'utilisation du crédit de manière intelligente vous permettra de vous enrichir. Le danger ne vient pas du crédit en lui-même, il vient de la manière dont on l'utilise. Les taux ont également baissé de manière drastique. De 9 % en 1995 à 4 % en 2005, les taux sont aujourd'hui autour des 2 %. Le crédit n'a jamais coûté si peu cher.

Je vais vous expliquer comment et pourquoi le crédit va devenir votre meilleur allié dans l'investissement immobilier.

Les bonnes raisons de s'endetter (intelligemment)

1- Vous pouvez déduire les intérêts de crédit de vos impôts suivant votre régime fiscal. Ainsi, votre crédit vous coûtera moins qu'il ne vous coûte réellement.

2- Faire un crédit, c'est garder son épargne. Concrètement, vous allez pouvoir utiliser l'argent de la banque à votre profit, et ainsi vous enrichir en déboursant le moins possible. Là est l'intérêt. Il est toujours plus intéressant de garder son capital plutôt que de le dépenser. Il peut vous servir d'apport, de coussin de sécurité, de levier de négociation avec la banque, et il va également rassurer d'une manière générale les banques, qui verront ainsi votre capacité à épargner et à tenir votre compte. Grâce à votre épargne, vous pourrez également avoir la capacité de pouvoir « sauter » sur une bonne affaire plus rapidement.

3- On pense souvent que le crédit met en danger, que ce soit sois même ou sa famille. Pourtant, lorsque vous souscrivez à un crédit immobilier, vous souscrivez également à une assurance décès. Si vous venez à décéder, votre crédit sera entièrement soldé. Votre bien entièrement financé reviendra alors à votre famille. Imaginons, je dispose de 100 000€. J'achète un bien immobilier cash. Je décède. Ma famille va récupérer ce bien d'une valeur de 100 000€, mais paiera des droits de succession suivant le degré de succession. Elle devra soit renoncer à la succession, soit accepter de payer des droits et donc d'avoir un bien avec une valeur moindre.

Deuxième cas, j'ai toujours 100 000€ cash, mais cette fois ci je fais un crédit de 100 000€ pour acheter le bien. Je décède. L'assurance va solder le crédit. Ma famille va alors récupérer d'une part mon épargne, mais également un bien entièrement payé. Elle pourra donc utiliser l'épargne afin de financer les droits de succession et pouvoir récupérer le bien, et donc au final avoir un patrimoine bien plus conséquent que dans le premier cas.

4- De manière générale, les banques préfèrent un profil épargnant avec crédit, qu'un profil sans épargne mais sans crédit.

5- Grâce aux travaux entre autres, vous pouvez faire un différé de crédit, c'est à dire ne payer que les intérêts et ne pas rembourser le capital sur la durée de vos travaux. En faisant courir le différé plus loin que la durée des travaux, vous allez pouvoir faire rentrer une importante trésorerie dans le cas où vous louez votre bien.

6- Comme expliqué plus tôt, les taux sont historiquement bas.

Mettre les chances de son coté

C'est bien beau tout ça, mais comment séduire et mettre en confiance les banques et les banquiers ? On n'arrive pas à la banque en short claquettes, sans savoir vendre son projet et sans savoir un minimum tenir son compte bancaire. Sachez que les banques vous attribuent une note en fonction de différents critères : vos revenus, votre âge, votre profession, vos habitudes de vie, vos dépenses, votre capacité à épargner, vos découverts, votre endettement... Autant de critères que la banques va prendre en compte pour vous attribuer un score. C'est votre profil bancaire et c'est la manière dont la banque va vous voir. Vous vous devez d'être aux yeux de la banque une personne en qui elle peut avoir confiance.

Voici quelques axes sur lesquels travailler.

1- Être présentable : Votre apparence est la première chose que va voir de vous votre interlocuteur, avant même de parler de votre projet. Si la première impression est mauvaise à ses yeux, vous allez le conditionner de manière négative. Cela peut paraître anodin, mais vous devez avoir en tête que vous allez voir le banquier pour un projet d'investissement et de ce fait, votre profil doit paraître un minimum « professionnel ». On ne parle pas non plus de venir en costume cravate, mais d'une tenue correcte type chemise / polo, pantalon propre et chaussures de ville. Veillez à votre coiffure et votre barbe si vous en avez une.

2- Connaître les termes bancaires : TAEG, crédit in fine, crédit hypothécaire, taux variables et fixes, indemnités de remboursement anticipé, privilège de préteurs de deniers ... Si vous adoptez le langage du banquier, vous paraîtrez plus crédible à ses yeux, ainsi vous pourrez mieux lui « vendre » votre projet.

Un crédit hypothécaire, c'est un prêt qu'une banque accorde à un particulier en se réservant le droit de saisir le bien financé si l'emprunteur n'assure pas le paiement de la dette.

Le crédit in fine, c'est un crédit qui donne l'opportunité à l'emprunteur de rembourser la totalité du capital dû en un versement unique, à échéance du contrat. Vous ne remboursez que les intérêts ainsi que l'assurance pendant la durée du crédit. Très utile pour les opérations d'achat-revente.

Les Indemnités de Remboursement Anticipé (IRA) sont des frais permettant de compenser le manque de la banque pour les intérêts qui ne seront pas perçus dans le cadre d'un remboursement anticipé de votre prêt.

Le privilège de préteurs de deniers est un privilège qui permet à la banque d'être indemnisée en priorité en cas de non-remboursement du prêt immobilier. C'est plus ou moins comme l'hypothèque, sauf que la banque est prioritaire.

Le « taux annuel effectif global » (TAEG), représente le coût total du crédit, il comprend le taux nominal, celui que la banque va vous donner pour votre prêt en fonction de sa durée, mais également les frais bancaires, les frais d'assurance, les frais de garantie... en somme, tout ce que va vous coûter le crédit.

3- Comme dit plus haut, il faut avoir la meilleure tenue de compte possible. Mettez en place un virement automatique en début de mois sur un compte type Livret A, afin de justifier d'une épargne régulière. Vous montrerez à la banque votre capacité à gérer votre argent. Un profil à petits revenus mais avec épargnes régulières plaira plus qu'un profil à gros revenus mais aux dépenses non contrôlées. L'idéal est d'épargner au moins 10% de ses revenus mensuels en début de mois. Ayez également une situation financière irréprochable, évitez absolument les découverts, réduisez les dépenses superflues, soldez vos prêts à la consommation. Dernier point les banques ont accès aux intitulés de vos transactions, attention donc aux mentions qui font fuir les banques, comme les jeux d'argent.

4- Faites un business plan : votre investissement doit se présenter tel un projet professionnel, avec des prévisions, une rentabilité brute, une rentabilité nette, un cash-flow, une fiscalité maîtrisée, un potentiel de revente, une analyse du marché immobilier du secteur en question. Comme une entreprise, vous devez maîtriser votre projet pour mieux le vendre au banquier. Il doit avoir confiance en vous et en votre projet. N'oubliez pas que le banquier n'est pas un professionnel de l'immobilier, il cherchera à vous poser des questions et sera peut-être surpris de la rentabilité du bien. Vous devez maîtriser votre projet de A à Z et lui prouver que cet investissement est sans risques.

5- Apportez dès le premier rendez-vous tous les documents nécessaires : Pièce d'identité, 3 dernières fiches de paie ou 3 derniers bilans comptables, 3 derniers relevés de compte, 3 derniers avis d'imposition, justificatif de domicile de moins de 3 mois, justificatif d'épargne, bail de location si locataire, vos crédits en cours si vous en avez, taxe d'habitation/foncière, tout ce que vous pourrez penser être nécessaire dans le dossier. Apportez également si vous avez : le compromis du bien, les baux des locataires en place, la taxe foncière, la copie des garanties des locataires s'ils en disposent. Un dossier béton vous permettra d'être pris au sérieux et de gagner du temps.

6- Ayez un bon interlocuteur en face de vous : De la personne en face de vous découlera l'acceptation ou non de votre prêt. Si votre banquier est allergique à l'immobilier pour X ou Y raison, qu'il n'a pas l'esprit « investisseur », il verra d'un mauvais œil toutes personnes venant demander un crédit pour un investissement. Demander directement à voir le directeur de l'agence. Si on vous demande pourquoi, détaillez votre projet, par exemple « achat d'un immeuble de rapport avec division de lots et surélévation ». Faites comprendre que votre projet nécessite de voir une personne compétente. Il faut savoir que de toute manière, pour un dossier de ce genre dit « complexe », le conseiller demandera l'avis du directeur. Gagnez du temps et demandez directement à le voir.

7- Jouez le jeu. Les banquiers sont des commerçants. Ils vendent des prêts, des placements, des assurances et autres. Si cela conditionne l'acceptation de votre prêt, acceptez d'ouvrir un livret d'épargne chez la banque en question, et il en va de même pour l'assurance du crédit, ne cherchez pas à tout prix à la négocier ou à vouloir la prendre ailleurs. Même s'il est vrai qu'il est possible de réaliser quelques économies sur l'assurance, il vaut mieux accepter de la prendre chez la banque (vous pourrez toujours la changer plus tard) et de voir votre crédit être accepté plutôt que de s'obstiner à la négocier et d'essuyer refus sur refus. Vous devez organiser une relation gagnant-gagnant.

Les différentes règles de calcul

Il existe différentes règles de calcul que la banque applique dans la prise en compte de vos revenus immobiliers.

La première méthode de calcul, dite classique :

Imaginons que votre salaire est de 1 800€ par mois. Vous avez 400€ par mois de crédit. Vous percevez 600€ par mois de loyer.

Comment procède la banque pour calculer vos revenus ? Premièrement, elle va prendre en compte environ 70% de vos revenus locatifs, donc 402€. Cette somme va venir s'ajouter à votre revenu : 1 800€ + 402€ = 2 202€. Votre banque estime donc vos revenus à 2 202€ par mois. La banque va ensuite appliquer la règle des 33% d'endettement afin de calculer votre capacité maximale d'emprunt. 33% de 2 202 = 727. Votre capacité d'emprunt mensuelle maximale est de 727€. Vous avez déjà 400€ de crédit mensuel. Vous avez donc une marge de 327€ (727-400) mensuelle pour un nouveau crédit.

Maintenant, voici la deuxième méthode, le calcul différentiel :

Prenons les mêmes chiffres, 1 800€ par mois de salaire, 400€ par mois de remboursement de crédit, 600€ de loyer mensuel.

Prenons une fois encore 70% de ce loyer, 402€. Seulement, cette fois ci, la banque ne va pas ajouter ces 402€ à vos revenus mensuels, mais elle va calculer la différence avec le crédit du bien immobilier qui vous rapporte ce loyer, en l'occurrence 400€ par mois de crédit. 400 – 402

= +2 €. La banque va donc ajouter ces 2€ de vos revenus mensuels, vous avez donc 1 802€ par mois de revenus, crédit déduis. Calculons la capacité d'emprunt : 33 % de 1 802 = 594. Votre capacité d'emprunt mensuelle maximale est de 594€.

Nous avons donc le premier cas où votre capacité d'emprunt est de 327€ par mois et le second cas où votre capacité d'emprunt est de 594€ par mois, avec dans les deux cas exactement les mêmes chiffres et le même investissement. Pour résumer simplement, la première méthode consiste à déduire le crédit de vos revenus, la deuxième méthode déduit le crédit de votre investissement et ajoute ou enlève la différence à vos revenus. C'est la magie de la méthode du calcul différentiel, s'il s'avère positif, votre capacité d'emprunt augmente à mesure que vous investissez, chose impossible avec la méthode de calcul classique.

En conclusion, demandez toujours à votre banque quelle est la méthode de calcul utilisée.

Quelle stratégie bancaire pour quel projet

Le crédit que vous allez choisir dépendra du type d'investissement que vous désirez faire. Tous les crédits ne s'utilisent pas de la même manière.

Pour un investissement locatif, on préférera l'utilisation d'un crédit sur la durée la plus longue possible, avec le moins d'apport. Pourquoi ? Le but de l'investissement locatif, c'est le cash-flow. Plus la durée du crédit va être longue, plus la mensualité va être réduite, et donc plus le cash-flow sera conséquent. Le fait qu'un crédit long engendre des intérêts plus élevés est un faux problème.

Premièrement, suivant le régime fiscal adopté, vous pourrez déduire vos intérêts de crédit de vos impôts. Vos intérêts seront donc moins chers qui ne le sont réellement.

Deuxièmement, un crédit plus long et donc des mensualités plus faibles sont synonymes d'une capacité d'emprunt plus élevée. Il n'est pas intéressant d'être endetté sur 10 ans à 1 % si c'est pour avoir atteint le fameux plafond des 33 % d'endettement. Faire un crédit sur 25 ans, à 2 % qui vous permettra de garder une marge d'endettement plus faible vous donnera la possibilité d'effectuer un deuxième investissement locatif. Vos quelques intérêts supplémentaires de votre premier investissement seront bien vite effacés par le cash-flow du second investissement.

Afin d'avoir les meilleurs taux possibles auprès de votre banque, idéalement, dites que vous vous voulez acheter une résidence principale. Les grilles tarifaires que les banques possèdent sont toujours plus avantageuses pour un achat d'une résidence principale.

Pour l'achat revente, on peut opter pour plusieurs

solutions. Si vous avez assez d'apport, que vous ne comptez pas faire d'autres opérations à coté, vous pouvez acheter le bien « cash ». Le but de l'achat revente, c'est de dégager le maximum de bénéfice en un minimum de temps. Vous éviterez également tous les frais inhérents au crédit : Frais de dossier, IRA, intérêts de crédit... et vous aurez également une marge de négociation avec le vendeur bien meilleure.

Si au contraire votre but est de faire plus d'opérations, vous allez devoir avoir recours au crédit bancaire. Cependant, lors de la négociation du crédit, on essaiera de réduire au maximum les indemnités de remboursement anticipé. C'est le plus important, le taux nominal n'a que peu d'importance étant donné que vous n'allez posséder le bien que sur une durée très courte, quelques mois généralement. Demandez également un prêt avec différé sur la durée de vos travaux, vous ne paierez ainsi que les intérêts sans rembourser de capital jusqu'à la revente. Petite astuce, ne dites pas à votre banquier qu'il s'agit d'un achat revente (si vous êtes en nom propre et non en société), mais dites qu'il s'agit d'une résidence principale. Les conditions du prêt seront bien meilleures. Si non, dites simplement que c'est pour faire du locatif. En nom propre, ne jamais dire que vous voulez faire une opération d'achat revente, au risque d'essuyer refus sur refus.

Cependant, si vous voulez réaliser plusieurs

opérations avec votre banquier, il est préférable de privilégier de bonnes relations, et donc de jouer la carte de l'honnêteté. À vous donc de voir si vous préférez vous engager en tant qu'investisseur à long terme avec votre banque auquel cas il conviendra mieux de mettre l'accent sur le relationnel, ou si vous opter pour un petit investissement de temps en temps, pas forcément avec la même banque auquel cas il conviendra d'utiliser la méthode de la résidence principale afin d'obtenir un meilleur taux.

Le business plan

Lors de votre entretien avec votre banque, vous allez devoir « vendre » votre projet. C'est l'étape la plus importante, car c'est de cette étape que découlera l'acceptation ou non de votre demande de prêt, et donc de la réalisation de votre projet. Un business plan solide s'avère donc indispensable. Ne négligez pas ce point. Vous devez vous mettre à la place d'une entreprise, réfléchir comme une entreprise.

Que doit comprendre votre business plan ?

-Vos informations personnelles (identité, adresse, emploi, …)

-Vos informations financières (salaire, chiffre d'affaires et bénéfice si entreprise, revenus immobiliers, revenus mobiliers, vos épargnes type assurance vie, livret, PEL, …)

-Votre patrimoine immobilier si vous en avez (type

de bien, valeur, mensualité, durée et capital restants du prêt, revenus locatifs, cash-flow, ...)

-La description de votre projet, la plus détaillée possible (Type de bien, surface, état, travaux, nombre de locataires en place, revenus locatifs, prix du bien affiché, prix du bien négocié, prix du marché au m², prix de votre de bien négocié au m², rendement brute, rendement net, localisation, tous les détails qui vous semblent nécessaires)

Vous devrez ensuite mettre en avant votre projet, en analysant par exemple le marché de la ville où vous achetez, vous pouvez joindre des documents de l'INSEE sur l'évolution du prix du marché immobilier, des articles de presses vantant le dynamisme du secteur et de la ville, etc. Le but ici est de montrer que vous connaissez le prix du marché, que vous avez négocier à un prix inférieur à celui, et que vous également connaissance de l'évolution du marché immobilier de la ville en question.

Vous allez ensuite mettre en avant votre projet, en détaillant les chiffres. Vous énoncerez le nombre de lots, le type et la surface de chaque lot, les revenus locatifs de chaque lot, les travaux et modifications que vous voulez effectuer. Vous devrez ensuite faire apparaître les chiffres attendus : Potentiel de revente dans l'immédiat, dans un moyen et long terme, le calcul du rendement brut, puis net, le cash-flow avant puis après impôts. Le but ici est de montrer que vous maîtrisez l'aspect financier du projet dans sa totalité, en simulant les revenus, les dépenses à court et moyen terme.

Enfin, finissez avec un bref résumé des avantages de votre projet : Rendement élevé, marché porteur, etc.

Quoi négocier ?

Avoir un crédit, c'est bien, avoir un crédit bien négocié, c'est mieux. Nous allons voir les différents points à aborder lors de la négociation de votre crédit bancaire.

Comme dit juste avant, pour une opération d'achat revente, il va falloir orienter la négociation principalement sur les IRA (Indemnités de Remboursement Anticipé), les frais de dossier et on demandera dans l'idéal un différé total (vous ne payez ni les intérêts ni le remboursement de capital)

Pour le locatif, on préférera négocier le TAEG ou Taux Annuel Effectif Global. Ensuite, même si vous n'avez pas de travaux à faire, vous pouvez également essayer de demander un différé partiel (vous ne payez que les intérêts et l'assurance) afin de vous constituer une trésorerie.

1- Comment diminuer le TAEG ?

Tout d'abord, le banquier fait une première offre qui peut toujours être négociée. Cette première offre est calculée en fonction de votre dossier personnel, mais également de vos investissements, le tout en rapport avec votre "profil bancaire". Vous devrez donc soigner les aspects suivants :

- Situation financière irréprochable.
- Réaliser un business plan de qualité.
- Épargne régulière.
- Endettement faible.
- Connaissances du projet sur le bout des doigts.

2- Les différentes parties du TAEG peuvent être négociées

- Le taux fixe annuel : c'est généralement la partie la plus négociée. Il dépend des critères cités plus haut.

- Les frais de dossiers : généralement fixés à 1% de votre bien, vous pouvez de manière générale les baisser à moins de 1%, voire les supprimer totalement. Ils sont « facilement » négociables.

- Les frais de garanties : partie intégrante de votre prêt, leur coût varie du type de garantie choisi pour le projet, ils sont difficilement négociables.

- Le taux annuel d'assurance : à première vue, ce taux peut paraître faible, mais le coût de l'assurance est relativement important. Vous pouvez effectuer une délégation d'assurance emprunteur pour baisser significativement le coût.

Contrairement aux trois premiers points, l'assurance emprunteur peut être modifiée après l'obtention du crédit : lors de la première année (Loi Hamon) et à chaque date anniversaire de la souscription (Loi Bourquin).

En plus du TAEG, vous pourrez également négocier :

-La modularité : Il s'agit de pouvoir modifier vos mensualités à la hausse et à la baisse et de pouvoir suspendre vos échéances pendant plusieurs mois. La plupart des offres de prêt contiennent la modularité.

-Les IRA ou Indemnités de Remboursement Anticipé : Il s'agit d'indemnités plafonnées à 6 mois d'intérêt ou 3 % du capital restant dû mais toujours au plus avantageux pour l'emprunteur. Vous pouvez les négocier et même les supprimer lors de la demande de prêt.

-Le différé de crédit : Si vous faites des travaux, vous pouvez demander des périodes de différé partiel ou total jusqu'à 36 mois.

En conclusion, bien négocier son crédit est très important. Votre endettement sera moins important et vous permettra de réemprunter par la suite, ou simplement d'augmenter votre niveau de vie. Cependant, gardez en tête que la relation doit être gagnant-gagnant. Le banquier ne doit pas être votre ennemi, mais votre allié. Faites en sorte d'avoir une relation de confiance car c'est lui qui vous amènera vers vos objectifs.

Pour mettre plus de chance de votre côté, vous pouvez proposer à votre banquier d'ouvrir un compte d'épargne quelconque en échange de l'acceptation de votre prêt. Les banquiers ont des quotas d'ouverture de compte. Faites-lui comprendre que chacun sera gagnant dans cette histoire. Autre astuce, les demandes de crédit sont plus facilement acceptées en début d'année pour la même raison de quota.

Présenter son dossier bancaire

Avant de convaincre votre banque, vous devez d'abord être convaincu de vous-même. Connaissez votre projet sur le bout des doigts, votre dossier doit être extrêmement bien organisé et maîtrisé. N'hésitez pas quand vous parlez, adoptez une bonne posture, appuyez chaque point positif. Soyez sûr de vous. Rappelez-vous que vous « vendez » votre projet, mettez-vous à la place d'un commercial qui tente de vendre un produit à un client. Vous devez adopter le même état d'esprit. Vous devez donner l'envie à votre banquier de vous prêter, voire plus, vous devez lui donner l'envie d'investir sur votre projet à votre place !

HCSF 2022 (Haut Conseil de Stabilité Financière)

En 2020, constatant plusieurs phénomènes sur le marché immobilier (taux d'intérêt bas, surévaluation du marché dans certaines villes et fort endettement des ménages) le Haut Conseil de Stabilité Financière à estimer qu'il existait un risque réel de défaut de remboursement de crédit. Le HCSF a donc commencé à adopter une politique de mise en garde quant à l'attribution des crédits immobiliers. Concrètement, cette autorité a demandé aux banques de freiner l'accord des crédits aux particuliers, plus particulièrement aux investisseurs (pour un achat destiné à de la location) en prêtant plus attention au taux d'endettement ainsi qu'à l'apport demandé.

Toutefois, ce n'était encore que de simples recommandations, les banques pouvant décider de les appliquer ou non. Le ton est monté avec l'arrivé du Covid et en 2021, ces recommandations sont devenues des obligations, applicables dès Janvier 2022.

Voici à l'heure où j'écris ces lignes ces différentes obligations :

- Taux d'endettement limité à 35% des revenus.
- Crédit d'une durée de 25 ans maximum extensible à 27 ans dans certains cas (financement d'un achat en VEFA ou d'un projet de construction).
- Recommandation d'apport plus important qu'avant.

Cependant, les banques ont une certaine marge de manœuvre et peuvent déroger à ces règles à hauteur de 20% des crédits octroyés. Plus simplement, sur 100 crédits fournis par une banque, 20 d'entre eux peuvent passer outre ces restrictions. Précision supplémentaire, sur ces 20%, 80% doivent être accordés à des financements de résidence principale. Pour faire simple, sur 100 crédits, 20 d'entre eux peuvent déroger à ces règles et sur ces 20, 16 (donc 80% de 20) doivent être accordés pour des résidences principales.

Voyons maintenant comment composer avec ces nouvelles restrictions. Gardez en tête que dans l'immobilier, les règles changent souvent et rapidement. Là où la personne standard subira ces nouvelles restrictions, l'investisseur devra faire preuve d'un état d'esprit différent : celui de toujours jouer selon les règles du jeu pour trouver un moyen d'être gagnant. Il faudra sans cesse rebondir et adapter sa stratégie.

Tout d'abord, sachez que certaines banques ont pris d'elles-mêmes certaines mesures, comme le fait de pondérer le loyer à 80, 85 voir 100% au lieu de 70% avant de l'inclure dans vos revenus.

De votre côté, vous n'êtes pas démunis non plus et certaines solutions s'offrent à vous.

- On l'a vu, les banques dérogent à ces restrictions plus facilement dans le cadre de l'achat d'une résidence principale. L'achat-revente d'une résidence principale est un excellent moyen de gagner de l'argent rapidement, sans taxe de plus-value. Vous pourrez ainsi engendrer une grosse trésorerie qui vous permettra par la suite d'obtenir un financement plus facilement du fait de votre apport plus conséquent.
- Solliciter des "petites banques" de village. Ces

banques sont généralement moins fréquentées que dans les grandes villes et il n'est pas rare qu'elles acceptent plus facilement pour rentrer dans les clous de leurs productions de crédit (le nombre de crédit qu'elles doivent octroyer dans une année)
- Acheter en société. SCI, SARL, société commerciale, les structures sont nombreuses. L'avantage de la société est qu'elle n'est pas impactée par les restrictions de l'HCSF.
- L'immobilier commercial n'est également pas impacté par ces restrictions et peut être un très bon moyen de diversifier son patrimoine.

8. COMPRENDRE LA FISCALITÉ

Dans ce chapitre, nous allons aborder la fiscalité relative aux investissements immobiliers. Quand on pense fiscalité, on pense très souvent à un domaine incompréhensible, réservé aux experts comptables ou autres docteurs en droit fiscal. Pourtant, maîtriser la fiscalité de ses investissements est absolument indispensable. Elle peut transformer un bien rentable en catastrophe financière si elle n'est pas correctement optimisée. Vous allez voir que la fiscalité n'est pas si compliquée qu'elle en a l'air. Tout est question de choix de régime fiscal en fonction du type d'investissement. Du régime nu au LMNP en passant par la fiscalité en société, nous allons passer en revue les différents régimes existants, leurs points positifs et négatifs ainsi que les cas dans lesquelles ils seront le plus appropriés.

Introduction à l'impôt sur le revenu

Avant toutes choses, il est nécessaire de faire un point sur le fonctionnement de l'impôt sur le revenu. Il est absolument primordial de comprendre comment fonctionne cet impôt. L'impôt sur le revenu est assez simple à appréhender. Le montant de l'impôt se calcul à partir de votre revenu net imposable. Il fonctionne sur la base de « tranches », appelées TMI (Taux Marginal d'Imposition), chacune ayant un taux d'imposition différent.

Il en existe 5 :

- La tranche à 0% : de 0 € à 10 064 €

- La tranche à 11 % : de 10 064 € à 25 654 €

- La tranche à 30 % : de 25 654 € à 73 369 €

- La tranche à 41 % : de 73 369 € à 157 806 €

- La tranche à 45 % : au-delà de 157 806 €

Le piège ici est de penser que si j'obtiens une augmentation de salaire qui me fait basculer dans une tranche supérieure, tous mes revenus seront imposés dans cette nouvelle tranche. C'est faux. En réalité, seule la partie de votre salaire qui vous fait basculer dans une tranche supérieure sera imposée sur cette tranche. Prenons un exemple. Mon revenu net imposable est de 25 000€ par an. Je suis donc dans la tranche à 11 %. Je change de poste et mon revenu net passe à 30 000 €. Je bascule donc dans la tranche à 30 %, mais mes 30 000 € ne serons pas pour autant imposés entièrement à 30 %. Seule la partie qui dépasse les 25 654 € (plafond de la tranche à 11%) sera imposée à 30 %, dans cette exemple seul 4 346 € (30 000 – 25 654) seront imposés à 30 % et non la totalité de mon revenu, le reste étant imposé dans les tranches inférieures.

Petite précision également quant au revenu net imposable. Il est calculé après abattement ou déduction des charges si vous êtes « au réel ». Je m'explique. Lorsque vous avez le montant de votre revenu net imposable, l'état va procéder soit :

À un abattement forfaitaire de 10 %. C'est à dire que si vous avez 20 000 € de revenu net imposable, il va déduire 10 % de ce montant et calculer votre imposition après abattement. Donc 20 000 – 10 % (2 000) = 18 000

À une déduction de vos charges réelles (tout ce que vous dépensez pour vous rendre sur votre lieu de travail ou pour travailler de manière générale : tickets de péage, de train, indemnités kilométriques, repas si à votre charge, …). Si vos frais réels sont supérieurs aux 10 % de l'abattement forfaitaire, demandez à basculer au réel. Attention, vous devrez garder absolument tous les documents nécessaires à la justification de ces frais.

Attention également au calcul du nombre de part de votre foyer fiscal. Si vous êtes célibataire, sans enfant et que vous vivez seul, vos revenus seront imposés sur une seule part. Si vous êtes mariés sans enfant, vos revenus s'ajoutent à ceux de votre époux / épouse, puis sont divisés par 2, puisque vous comptez pour deux parts. Si vous êtes marié avec un enfant, votre enfant comptera pour une demi-part, vous diviserez donc vos revenus par 2,5. Je vous invite à prendre connaissance du tableau suivant afin de connaître le nombre de parts de votre foyer fiscal.

Nombre de parts de quotient familial selon la situation familiale

Enfant	Nombre de parts			
	Marié ou pacsé (imposition commune)	Veuf	Célibataire, divorcé ou séparé - Vivant seul	Célibataire, divorcé ou séparé - Vivant en concubinage
0	2	1	1	1
1	2,5	2,5	2	1,5
2	3	3	2,5	2
3	4	4	3,5	3
4	5	5	4,5	4
Par enfant supplémentaire	1	1	1	1

Frais d'acquisition ou « frais de notaire »

Les frais d'acquisition, appelés à tort « frais de notaire » sont en fait composés majoritairement de droits de mutation. Ils sont liés à l'acquisition du bien et versés au Trésor public et sont de l'ordre d'environs 5,80% du prix de vente du bien. Il y a aussi des émoluments de formalités, des frais divers et enfin la rémunération du notaire. Au total, ces frais s'élèvent à environs 7 ou 8% du prix d'achat. En revanche, dans le neuf, ces frais ne s'élèvent qu'à 2 à 3 % et il en est de même pour les marchands de biens.

Pour chaque transmission immobilière et transfert de propriété, ces frais d'acquisition sont applicables à l'exception de l'achat de part de SCPI. Vous devrez vous en acquitter le jour de la signature de l'acte chez le notaire.

Impôt sur les loyers

Cette partie est consacrée au fonctionnement de l'impôt sur vos loyers (revenus locatifs), en nom propre (c'est à dire hors société).

Premièrement, lorsque vous recevez des loyers, ceux-ci sont « bruts ». Comme pour l'impôt sur le revenu, vos loyers seront soumis à soit un abattement forfaitaire, soit à une déduction de vos charges réelles. Dans le second cas, une comptabilité doit alors être tenue. Après déduction, vous avez vos loyers nets imposables. Ils seront donc ajoutés à vos autres revenus imposables et seront imposés en fonction de votre TMI. Encore une fois, il faut prendre en compte le nombre de part du foyer fiscal. Si vous êtes seul, vous avez une part. Vos revenus professionnels et immobiliers s'ajoutent et vous serez imposé sur le total en fonction de votre TMI. Si vous êtes marié sans enfant, que vous soyez le seul à avoir un revenu locatif ou que vous soyez les deux à en percevoir, ces revenus s'ajoutent aux revenus globaux de votre foyer fiscal avant d'être divisés par 2 (nombre de part dans le foyer).

En plus d'être imposés sur votre TMI, vos loyers seront également assujettis aux prélèvements sociaux. Cette taxe s'élève à l'heure où j'écris ces lignes à 17,20 %. Si vos revenus locatifs sont dans la tranche à 11 %, vous devrez donc ajouter 17,20 % à 11 %. Vos loyers seront alors imposés à 28,20 % (11+17,20). Si vos loyers sont à cheval entre deux tranches, le calcul se fait de la même manière, en ajoutant simplement les 17,20 % sur la partie dans la tranche inférieure et sur la partie dans la tranche supérieure.

Les différents régimes fiscaux

Quels sont les différents régimes fiscaux immobilier en nom propre ?

Ils se divisent en deux grandes familles, deux grandes catégories :

- Le non meublé (nue), auquel cas les revenus seront qualifiés de revenus fonciers

- Le meublé, auquel cas les revenus seront qualifiés de bénéfices industriels et commerciaux (BIC).

On entend souvent à tort parler de revenus fonciers pour parler de tous les revenus issus de l'immobilier. C'est faux, le terme de revenus fonciers ne s'applique qu'aux revenus issus de la location nue, dite non meublée. Les revenus issus de la location meublé sont des revenus dits bénéfices industriels et commerciaux (BIC). La différence est importante car ces deux régimes sont soumis à une imposition différente.

Ces deux familles sont également divisées en deux catégories :

- Le réel : réel pour la location nue, LMNP / LMP pour la location meublée

- Le micro : micro-foncier pour la location nue, micro-BIC pour la location meublée

Comme pour l'impôt sur le revenu, il existe deux méthodes pour déclarer ses revenus immobiliers : le réel où vous déclarez les frais inhérents à votre bien immobilier, ou le régime forfaitaire pour lequel vous bénéficiez d'un abattement. Ne vous inquiétez pas, je vais détailler ces régimes un peu plus tard. Le but ici est seulement de comprendre les deux grandes familles ainsi que leurs divisions.

Referez-vous au tableau ci-dessous pour avoir un aperçût clair.

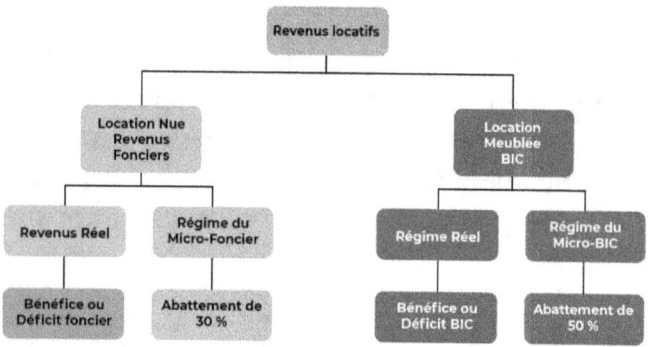

Enfin, pour que votre bien soit considéré comme meublé, il doit répondre à 11 éléments obligatoires

1. De la literie comprenant une couette ou une couverture
2. Un dispositif d'occultation des fenêtres dans les pièces destinées à être utilisées comme chambre à coucher
3. Des plaques de cuisson
4. Un four ou un four à micro-ondes
5. Un réfrigérateur et congélateur ou, au minimum, un réfrigérateur doté d'un compartiment permettant de disposer d'une température inférieure ou égale -6°C
6. De la vaisselle nécessaire à la prise des repas
7. Des ustensiles de cuisine
8. Une table et des sièges
9. Des étagères de rangement
10. Des luminaires
11. Du matériel d'entretien ménager adapté aux caractéristiques du logement

Le locataire doit être en mesure d'emménager dans votre logement en apportant ses seuls effets personnels. Pour être qualifié de meublé, votre logement doit être équipé du matériel nécessaire à la vie courante, c'est-à-dire non seulement des meubles mais également de matériel de cuisine et de vaisselle suffisants pour assurer une vie normale au locataire. Enfin, il ne s'agit ici que des équipements minimaux, mais il est vivement conseillé d'équiper son bien en conséquence et d'adapter ses prestations.

Le non meublé, régime du Micro-Foncier

Abordons ici de la location nue ou non meublée. Comme expliqué avant, il existe deux sous-familles à cette catégorie : Le réel et le micro-foncier. Nous allons parler ici du régime Micro-Foncier. Ce régime s'applique automatiquement, sauf option contraire. C'est à dire que tant que vous ne déclarez pas au réel, vous serez automatiquement en micro-foncier.

C'est le régime le plus simple à aborder et également le plus utilisé. Pourtant, c'est loin d'être le plus intéressant.

Comment fonctionne-t-il ?

C'est très simple. Imaginons quelques chiffres simples :

-10 000 euros de loyer annuel, charges comprises

Il suffit simplement de déclarer votre revenu foncier sur la déclaration d'impôt dans le cadre "Revenus fonciers". L'administration fiscale pratique ensuite un abattement forfaitaire de 30 %. Le résultat donnera votre revenu locatif imposable, dans cet exemple 7 000€. Vous êtes donc imposé sur 7 000€ au lieu de 10 000€.

Comment seront donc imposés ces 7 000€ ? D'un côté, ces revenus s'ajoutent sur votre TMI et de l'autre vous devrez également payer 17,2 % de prélèvements sociaux. Imaginons que vous êtes dans une TMI à 30 %, vous devrez donc payer 47,2 % d'impôt sur vos 7 000€.

Pour résumer, vous encaissez 10 000€ de loyer annuel. L'état procède à un abattement de 30 %, vous n'avez donc que 7 000€ imposables. Si vous êtes dans une TMI à 30 %, en ajoutant les prélèvements sociaux, vous payerez 47,2 % d'impôt sur ces 7 000€, soit approximativement 3 290€. Sur vos 10 000€ initialement perçus, il vous reste environ 6 710€.

Attention cependant, ce régime est plafonné à 15 000€ de loyer annuel. Au-delà, vous devrez passer obligatoirement au réel, vous devrez donc tenir une comptabilité. Attention également, toutes vos recettes locatives viennent s'ajouter à ce plafond, c'est à dire vos loyers mais également vos parts sociales de SCI ou SCPI ou encore indemnités d'assurances versées pour compenser une perte de loyer.

En conclusion, on a ici un régime très simple à comprendre, cependant très limité, tant en termes de plafond qu'en terme de souplesse. En effet, l'abattement forfaitaire ne nous permet pas de déduire les intérêts d'emprunt, les charges de copropriété, l'entretiens du bien, la gestion locative, les assurances, la taxe foncière, certains travaux etc. Il se retrouve donc très vite limité à des situations bien spécifiques si on cherche de la rentabilité. Néanmoins, si vous avez moins de 15 000€ de revenus fonciers, une TMI très faible (11% ou non imposable), que vous souhaitez revendre rapidement et que vous avez très peu de frais et travaux, alors ce régime peut être envisageable.

Le non-meublé, régime du « Réel »

Deuxième sous-catégorie à la location nue, le régime dit du « réel ». Contrairement au micro-foncier, ce régime doit être choisit, ou s'applique automatiquement une fois le plafond de 15 000€ de revenus fonciers dépassé. Il est en règle générale plus intéressant que le régime du micro-foncier.

Comment ce régime fonctionne-t-il ?

Prenons encore une fois quelques chiffres simples.

-10 000€ euros de loyer annuel, charges comprises

Cependant, cette fois ci et contrairement au régime micro, pas d'abattement. Vous pourrez donc déduire plusieurs frais inhérents à l'exploitation de vos biens. Parmi ces frais, non avons :

- Assurances
- Gestion locative
- Les entretiens
- Les intérêts d'emprunt
- Taxe foncière
- Charges de copropriété
- Comptable
- Certains travaux (Entretiens et rénovations. Les travaux de constructions et de créations ne peuvent pas être déduis de vos loyers.)

Une fois tous les frais déduits à vos 10 000€, imaginons qu'il vous reste 5 000€. C'est cette somme qui sera alors prise en compte dans le calcul de votre imposition, toujours de la même manière (TMI + 17,2 % de prélèvement sociaux). Si on reprend la même TMI que précédemment (TMI à 30 %), vous paierez donc 47,2 % de vos 5 000€, soit 2 360€.

Pour résumer, vous encaissez 10 000€ de loyer annuel. Vous procédez à une déduction de tous vos frais, vous n'avez plus que 5 000€ imposables. Si vous êtes dans une TMI à 30 %, en ajoutant les prélèvements sociaux, vous payerez 47,2 % d'impôt sur ces 5 000€, soit approximativement 2 360€. Sur vos 10 000€ initialement perçus, il vous reste environ 7 640€.

Pour conclure, ce régime est très similaire au micro-foncier, à la différence qu'en lieu et place de l'abattement forfaitaire de 30%, vous allez déduire réellement tous les frais inhérents au fonctionnement de vos biens, frais qui dépassent la plupart du temps les 30% du régime micro-foncier. On a donc un régime plus intéressant puisqu'il nous permet d'une part de ne pas être bloqué par le plafond des 15 000 €, mais surtout de réduire plus efficacement l'imposition. Attention cependant, il vous faudra tenir une comptabilité, et donc garder tous les documents essentiels à la justification des frais que vous avez déduits. Si vous le souhaitez, vous pouvez déléguer cette tâche à un comptable pour quelques centaines d'euros par an (également déductible de vos revenus fonciers !)

Le déficit foncier

Dernière manière d'utiliser le régime de la location nue, la méthode du déficit foncier. Il ne s'agit pas à proprement parler d'une sous-catégorie à la location nue, mais plus simplement d'une manière plus spécifique d'utiliser le régime de la location nue au réel.

Comment cette méthode fonctionne-t-elle ?

C'est exactement la même chose que pour le régime précédent, à la différence que vous êtes en déficit. Je m'explique : Vous avez les mêmes frais que vous déduisez, mais cette fois ci, vous avez énormément de travaux, de manière à créer ce déficit. Par exemple, vous achetez un bien 100 000€, auquel vous ajoutez 100 000€ de travaux. Vous percevez 20 000€ de loyer par an, revenus auxquels vous déduisez tous les frais vus auparavant, sauf les travaux pour le moment. Imaginons qu'une fois ces frais déduits, il vous reste 10 000€. À ce stade, vous pouvez utiliser vos 100 000€ de travaux pour venir effacer les 10 000€ restants. Vous avez donc complètement supprimé vos loyers imposables et il vous reste 90 000€ dans votre « enveloppe » travaux. Autre aspect intéressant, la première année et seulement la première, vous pouvez piocher de nouveau dans cette « enveloppe » jusqu'au maximum 10 700€ et les déduire de vos revenus imposables. Autrement dit, imaginez la situation suivante : Vous avez 30 000€ de revenus imposables (salaire). La première année, non seulement vous n'aurez aucuns impôts sur vos revenus fonciers à payer, mais en plus, vous enlevez 10 700€ de vos 30 000€ imposables. Vous n'avez donc que 19 300€ imposables. Précisons toutefois que ces 10 700€ sont récupérables uniquement après avoir complètement effacer vos loyers imposables.

Les années suivantes, vous ne pourrez plus déduire de nouveau ces 10 700€, mais vous pourrez toujours utiliser votre « enveloppe travaux » pour effacer vos revenus fonciers.

Ce régime est donc beaucoup adapté si vous êtes assujettis à de grosse TMI (41% et plus).

Le meublé, régime du Micro-BIC

Nous allons voir ici le premier régime de la

famille du meublé, le régime du Micro-BIC (bénéfices industriels et commerciaux).

Comment fonctionne-t-il ?

Son fonctionnement est extrêmement simple, puisqu'il est identique au Micro-Foncier, à la différence que l'abattement est ici de 50% (contre 30% pour le micro-foncier), que le plafond est de 72 600 € annuel de loyers bruts et qu'il faut bien évidemment louer un bien dit meublé. Il n'y pas de déclaration spécifique à remplir, mais simplement le montant du chiffre d'affaires à reporter sur la déclaration 2042-C sous la rubrique "bénéfices industriels et commerciaux - régime micro-BIC".

Sachez également que vous devez déclarer votre activité auprès du Centre des formalités des entreprises (CFE) ou du Tribunal de commerce du lieu où se situe le logement et cela, dans les 15 jours suivant le début de la location.

Ceci étant dit, voici un petit exemple

- 10 000 euros de loyer annuel, charges comprises

Il suffit donc de déclarer votre revenu sur la déclaration d'impôt dans le cadre 2042-C sous la rubrique "bénéfices industriels et commerciaux - régime micro-BIC". L'administration fiscale pratique ensuite un abattement forfaitaire de 50 %. Le résultat donnera votre revenu locatif imposable, dans cet exemple 5 000€. Vous êtes donc imposé sur 5 000€ au lieu de 10 000€.

Comment seront donc imposés ces 5 000€ ? D'un côté, ces revenus s'ajoutent à votre TMI et de l'autre vous devrez également payer 17,2 % de prélèvement sociaux. Imaginons que vous êtes dans une TMI à 30 %, vous devrez donc payer 47,2 % d'impôt sur vos 5 000€.

Pour résumer, vous encaissez 10 000€ de loyer annuel. L'état procède à un abattement de 50 %, vous n'avez donc que 5 000€ imposables. Si vous être dans une TMI à 30 %, en ajoutant les prélèvements sociaux, vous payerez 47,2 % d'impôt sur ces 5 000€, soit approximativement 2 350€. Sur vos 10 000€ initialement perçus, il vous reste environ 7 650€.

Petite précision tout de même, les biens classés en chambre d'hôte ou en meublé de tourisme bénéficient d'un plafond de 170 000€ et d'un abattement de 71%. Un bien considéré comme meublé de tourisme doit être destiné aux locations de vacances ou locations saisonnières.
Les meublés de tourisme sont à l'usage exclusif du locataire, sans passage du propriétaire durant le séjour. La location est autorisée à la nuitée, à la semaine, à la quinzaine et au mois, sans dépasser 90 jours consécutifs de location à la même personne.

Pour que le bien loué soit qualifié de « meublé de tourisme », il faut déposer une déclaration spécifique à la mairie de son lieu de situation, que le bien soit classé ou non. Cette démarche est obligatoire. Pour certaines communes, il faut également obtenir une autorisation préalable de la part de votre mairie afin d'obtenir un numéro d'enregistrement.

Pour en revenir au Micro-BIC, le régime est assez simple, tant en termes de compréhension que de fonctionnement. Pas de comptabilité à tenir, pas formalités particulières. Il est particulièrement bien adapté si vous avez une petite TMI, pas ou peu de travaux et si vous envisagez une revente après environs 5 ans de détention du bien.

Le LMNP (Loueur Meublé Non Professionnel)

Le régime du LMNP (Loueur Meublé Non Professionnel) est probablement le plus intéressant d'entre tous. Tout comme le régime réel du non meublé, il s'agit du régime réel, mais du meublé.

Comment fonctionne-t-il ?

Sachez en premier lieu que vous basculerez automatiquement sur le régime du LMNP si vous dépassez le plafond du micro-BIC vu précédemment, ou si vous en faites le choix.

Son éligibilité relève de plusieurs critères.

- Tout d'abord, vos recettes locatives (meublées) ne doivent pas dépasser les 23.000 € par an ou 50 % des autres revenus d'activité générés par les personnes appartenant au foyer fiscal (Salaires, pensions et rentes viagères, bénéfices industriels et commerciaux autres que ceux tirés de l'activité de location meublée, les revenus fonciers n'étant pas pris en compte). Si vous percevez 20 000€ de salaire par ans et 20 000€ de revenus meublés, ceux-ci représentent 50% de vos revenus totaux (40 000€), mais si vous percevez 20 001€ de revenus meublés, ils représenteront plus de 50%. Vous passerez donc en LMP.

- Vous ne devez pas être inscrit au Registre du Commerce et des Sociétés (RCS). Le cas échéant, vous devrez passer en LMP (nous verrons ce statut après).
- Vous devez bien évidement louer des biens en meublé
- Et enfin, tout comme le micro-BIC, vous devez déclarer votre activité auprès du Centre des formalités des entreprises (CFE) ou du Tribunal de commerce du lieu où se situe le logement et cela, dans les 15 jours suivant le début de la location.

A l'instar du régime réel en non-meublé, vous pourrez déduire bon nombre de charges, à commencer par toutes celles présentes dans le régime foncier (non-meublé), auxquelles s'ajoutent :

- L'amortissement du bien
- L'amortissement des meubles
- Frais d'agence
- Frais d'acquisition (frais de notaire)

- Les travaux dans leur totalité, quelle que soit la nature de ceux-ci
- Et globalement tout ce qui vous sert dans votre activité, que ce soit dans la recherche et la gestion de biens (déplacement, indemnité kilométrique, ordinateur utilisé pour votre activité, logement, nourriture, formations, livres...)

Il s'agit finalement d'une activité commerciale, quasiment au même titre qu'une société. Il sera donc vivement conseillé de passer par un expert-comptable. En effet, les calculs d'amortissement sont assez complexes et ce sera à lui de déterminer la durée exacte. Par exemple :

- Pour amortir le bien, le comptable va dissocier le terrain des murs, des sols, de la toiture pour calculer la valeur totale pouvant être amortie. En général, vous pouvez amortir la valeur de votre bien sur 25 à 30 ans. Par exemple, sur un bien acheté 100 000€ amortissable sur 25 ans, vous pourrez déduire 4 000€ par ans sur votre imposition en LMNP.
- Il en va de même pour les travaux qui sont généralement déduis sur 8 à 10 ans
- Les meubles sont quant à eux amortissables entre 3 et 5 ans.
- Vous pouvez également amortir du matériel si vous pouvez justifier l'utilisation de ceux-ci dans votre activité (ordinateur, outils pour réaliser des travaux, etc....)

Une des subtilités de ce régime concerne son système d'amortissement. En temps normal, dans une société, lorsque vous amortissez un bien, du matériel ou quoi que ce soit, sa valeur comptable se déprécie jusqu'à atteindre une valeur de 0€ une fois complètement amorti. Par exemple, dans une société X, j'achète du matériel d'une valeur de 1 000€. Mon expert-comptable estime que l'amortissement se fera sur 2 ans. Je déduis donc 500€ par an des impôts de ma société et à la deuxième année, mon appareil possède une valeur comptable de 0€. Si je décide de revendre cet appareil (disons 600€), je réalise une plus-value de 600€ (600 – 0) et je serai donc imposé dessus. Là où le LMNP est différent, c'est qu'une fois la valeur de votre bien complètement (ou partiellement) amortit, sa valeur comptable ne bougera pas. Si j'achète un bien 100 000€, que je l'amortis sur 25 ans (4 000€ par an), sa valeur comptable ne sera pas de 0 mais bien de 100 000€. Si je revends (disons 150 000€), la plus-value sera donc de 50 000€ (150 000 – 100 000). C'est là toute la magie de ce régime.

L'imposition de vos loyers, pour sa part, se fera comme le régime réel de la location nue, c'est à dire sur vos loyers annuels après déductions (et amortissements). On comprend donc que plus j'ai de chose à déduire et à amortir, moins je paierai d'impôt. Ce régime est donc plus particulièrement adapté si vous avez beaucoup de travaux ou de frais à déduire, et une revente rapide ne sera généralement pas rentable dans ce régime. Il faudra faire le calcul pour savoir s'il est plus intéressant d'être au régime micro-BIC ou au régime LMNP en fonction de votre TMI, du montant que vous pouvez déduire de vos loyers et de la durée sur laquelle vous souhaiterez conserver votre bien.

Sachez également qu'en cas de déficit (vous déduisez plus que ce que vous percevez en loyer), celui-ci est reportable sur 10 ans, dans la limite de 10 700€ par ans. Si par exemple, vous vous retrouvez l'année 1 avec un déficit de 1500€, il vous sera possible de le déduire de vos loyers jusqu'à l'année 11. C'est pourquoi ce régime est particulièrement bien adapté à une conservation de votre bien sur le long terme, puisque si vous effectuez des travaux suffisamment conséquents pour pouvoir amortir sur 10 ans en engendrant un déficit, vous pourrez alors utiliser ce déficit les années suivantes pour continuer à réduire votre part de loyer imposable et ce même si l'amortissement de vos travaux est terminé (déficit de l'année 1 utilisé l'année 11, celui de l'année 2 utilisé l'année 12, etc.)

Précision toutefois, si vous choisissez d'amortir les travaux, vous ne pourrez pas les déduire d'une éventuelle plus-value lors de la revente du bien. Si vous souhaitez donc revendre rapidement en dégageant une plus-value, il sera judicieux de ne pas les amortir afin de pouvoir les déduire lors de la revente. Gardez également en tête qu'une fois que le choix des amortissements de travaux est fait, si ceux-ci sont amortissables sur 10 ans par exemple et que vous décidez de vendre votre bien après 5 ans seulement, vous perdrez simplement les 5 années de travaux non déduis car ils ne seront pas récupérables sur une éventuelle plus-value. Vous devrez donc en amont bien réfléchir à votre stratégie et envisager la revente afin de définir le choix à faire sur les travaux.

Le LMP (Loueur Meublé Professionnel)

Dernière partie du régime meublé, le LMP est tout d'abord soumis à plusieurs critères d'accessibilité.

- Premièrement, vos recettes annuelles issues de la location meublé (bruts, charges comprises) par l'ensemble du foyer fiscal dépassent les 23 000€
- Deuxièmement, ces recettes doivent être supérieures au total des autres revenus du foyer fiscal (salaire et BIC, les revenus fonciers étant non pris en compte).

Pour donner un exemple concret, imaginons que vous êtes seul dans votre foyer fiscal et que vous percevez 20 000€ de revenus professionnels annuellement. Vous louez des biens en meublés et vos recette issus de ces biens s'élèvent à 25 000€ par an. On a donc ici les deux critères qui sont réunis (recettes issues de la location meublée > 23 000€ et également supérieurs aux autres revenus.)

Imaginons maintenant qu'au lieu de gagner

20 000€, vous gagnez 30 000€ de revenus professionnels. On aura alors ici seulement la première condition qui sera remplie, le régime du LMP ne s'appliquera pas. À savoir qu'une fois les conditions remplies, le passage vers le régime LMP se fera automatiquement, sans choix de votre part.

Pour ce qui est du fonctionnement de ce régime, il est globalement très similaire au LMNP. Même système d'amortissement et de déduction.

- Une première différence réside toutefois sur le déficit, qui sera imputable sur l'ensemble de vos revenus globaux (précision, il ne s'agit que du déficit crée par l'ensemble des charges déduites et non par l'amortissement.), contrairement au déficit du LMNP qui ne prenait effet que sur vos revenus issus de la location meublée.
- Une seconde réside dans le traitement d'une éventuelle plus-value à la revente. En effet, vous êtes ici considéré en tant que professionnel et à ce titre, vos amortissements seront pris en considération. Je m'explique : en LMNP, j'achète un bien 100 000€, j'amortis sa valeur sur 25 ans, donc 4 000€ par an. Au bout de 25 ans, je le revends, disons 150 000€. Mon bien possède toujours une valeur comptable de 100 000€, ma plus-value sera donc de 50 000€ (150 000 – 100 000) et je serai imposé sur cette somme. Maintenant, prenons la même situation mais en LMP. Même chiffre, mais cette fois ci, mon amortissement de 4 000€

par an sera lui "perdu". Au bout de 25 ans, une fois complètement amortit, mon bien aura une valeur comptable de 0€. Si je le revends 150 000€, la plus-value sera donc ici de 150 000€. Cerise sur le gâteau, là où en LMNP, ma plus-value était calculée sur le régime des particuliers, je suis ici soumis aux cotisations de l'URSSAF. Sans rentrer dans le détail, une bonne partie de la plus-value sera absorbée. Sachez néanmoins qu'il existe certaines conditions d'exonération des plus-values : Elle est totale si les recettes de location sont inférieures à 90 000 € hors taxes au cours des 2 années précédant la revente et que l'activité de location en meublés a commencé depuis au moins 5 ans et elle est partielle dans le cas où ces recettes sont comprises entre 90 000 € et 126 000 € HT.

Ce régime est donc plus délicat à manier, très situationnel et souvent moins avantageux. Dans tous les cas, il vous faudra être accompagné d'un expert-comptable.

Fiscalité des plus-values

Abordons enfin la fiscalité relative aux plus-values réalisées lors de la revente de vos biens immobiliers. Il est très important de comprendre les particularités de cet impôt car vous y serez confronté assez rapidement dans votre parcours d'investisseur. Quel que soit les stratégies d'investissement adoptées, même dans le locatif, vous devez prendre en compte une éventuelle revente. Je le répète ici, mais il est trop fréquent de voir que certains investisseurs ne prennent pas en considération la revente de leur investissement en location, et préfèrent uniquement regarder le rendement locatif. Pourtant, il est très important d'acheter votre bien au bon prix, voire même en dessous du prix du marché. Pourquoi ? Tout d'abord, vous faites une bonne affaire avant même d'avoir encaissé vos premiers loyers. Ensuite, si vous devez revendre pour faire un arbitrage de votre patrimoine, pour vous constituer un apport pour un projet suivant ou pour X ou Y raison, vous vous assurerez au moins de ne pas faire de moins-value sur la revente. À quoi bon avoir 10% de rendement locatif sur un bien à 100 000€ si au bout de deux ans vous revendez 80 000€ ?

Ceci étant dit, la fiscalité sur les plus-values en tant que particulier va globalement s'articuler autour de deux points : Résidence principale (RP) et résidence secondaire (RS).

- Résidence principale (RP) :

Vous êtes exonéré totalement de taxe sur la plus-value. Rien de plus simple, vous achetez une RP 100 000€, vous revendez 120 000€, vous faites donc une plus-value de 20 000€, vous ne payez strictement aucun impôt. 20 000€ dans votre poche. Néanmoins, attention ici à ne pas tomber dans le piège en enchainant les achats-reventes de RP car vous risquerez d'être requalifié marchand de bien. On évitera donc de faire ce genre d'opération de manière trop fréquente. Pas de règles ou de limites "officielles", mais une fois par an semble déjà être une zone rouge suffisante pour la requalification. Dans ce cas, vous devrez payer le même impôt que si vous étiez en société, s'ajoutant à cela des pénalités. Sachez également que la régularisation peut être rétroactive jusqu'à 3 ans d'activité. Mon conseil, faites les choses proprement. Annoncez à la banque lors de votre crédit qu'il s'agit d'une RP, de même chez le notaire, puis vivez au moins une bonne année dans ce bien. Mettez les factures d'énergie à votre nom, vos courriers doivent arrivez à cette même adresse, etc.., de manière à prouver qu'il s'agit bien d'une RP lors de la revente. N'essayez pas de faire passer la vente d'une RS en RP car il sera facile de prouver le contraire.

- Résidence secondaire (RS)

Dans le cas d'une résidence secondaire, le traitement sera différent. Vous devrez ici vous acquitter d'une taxe à hauteur de 36,2% de la plus-value réalisée. Cette taxe (qui se décompose comme suit : 19% au titre de l'impôt sur le revenu + 17,2% au titre des prélèvements sociaux) est toutefois dégressive à partir de 5 ans de détention du bien. Il sera réduit progressivement jusqu'à 0% au bout de 30 ans.

À noter qu'à partir de 50 001€ de plus-value, une

taxe supplémentaire viendra s'ajouter. Elle est de 2% et progresse jusqu'à 6% pour les plus-values supérieures à 260 000€.

Après avoir vu comment étaient traitées les plus-values, nous allons voir comment les éviter. Il existe 2 cas dans lesquels vous serez exonérés de cette taxe.

- Premièrement, pour une vente inferieur à 15 000€
- Deuxièmement et le plus intéressant, en réinvestissant le montant total de la vente de la résidence secondaire dans l'achat d'une résidence principale. Sous réserve du respect des conditions suivantes : Vous devrez réinvestir le total de la vente de votre RS dans les 2 ans qui suivent la cession et vous n'avez pas été propriétaire de votre résidence principale les 4 années précédentes. Il doit également s'agir de votre première vente hors RP. Dans le cas où vous ne réinvestissez pas la totalité du montant de la vente de votre RS, l'exonération sera faite au prorata de la fraction du montant alloué.

Exemple : vous vendez un logement pour un prix de 300 000 €, la plus-value est de 120 000 €. Vous attribuez un montant de 180 000 € à l'acquisition de votre RP, soit 60 % du prix de cession. La plus-value exonérée est donc égale à 60 % de 120 000 €, soit 72 000 €, et la plus-value imposable à 48 000 €.

9. LE MOT DE LA FIN

Nous voilà au terme de ce livre qui je l'espère, aura su satisfaire vos attentes, éveiller en vous l'envie de vous lancer ou de progresser et vous inculquer les bases indispensables pour progresser dans cet univers nouveau qui s'offre à vous. Bien entendu, ces quelques pages ne pourront jamais résumer à elles-seules l'étendue du vaste monde que représente l'immobilier tant les possibilités qu'il offre sont vastes. Néanmoins, si votre curiosité n'a été ne serait-ce que légèrement piquée, alors ce livre aura rempli sa mission.

Les cartes sont dans vos mains, gardez toujours à l'esprit que seules l'action amène au résultat. La première marche est bien souvent la plus compliquée à monter, vous devez surmonter la peur qui vous empêche de faire le premier pas. Cette crainte, bien qu'irrationnelle, est normale. Elle se manifeste par la sensation de ne pas maîtriser, de ne pas avoir le contrôle sur une situation donnée. Après lecture de ce livre, vous avez toutes les clefs nécessaires pour vous lancer dans un monde nouveau. Si la peur de perdre de l'argent est un obstacle récurent, alors transformez la en force, car sachez qu'en n'investissant pas dans l'immobilier et en laissant votre argent en banque, vous faites le choix d'investir dans cette dernière. Des lors, vous perdrez automatiquement de l'argent, les rendements des placements bancaires étant systématiquement inférieurs à l'inflation.

À vous de jouer !

www.ingramcontent.com/pod-product-compliance
Lightning Source LLC
Chambersburg PA
CBHW070244220526
45465CB00004B/1524